做大事是在做人
做小事是在做生意

杨海峰 战上海 210×156 布面油画 2011
(左页)洪浩昌 孤寂的时光之一 200×150 布面油画 2011

责任编辑：杨世君　梁　瑶
责任印制：宋朝晖

中国油画市场　第9辑（总第30辑）

顾　　问　靳尚谊　詹建俊　朱乃正　宋惠民
　　　　　张祖英　尚　扬　王胜利　戴士和

出 版 人　陈高潮
主　　编　苗凤池

副 主 编　薛国芳　孔令才　杜允上
学术主持　颐　斋
展览基地　肖长东　李　勇
设计总监　董　辉
主编助理　李沅芷
事务主管　孟祥淑
采　　编　唐　可　曲　艺
编　　辑　《中国油画市场》编辑部
电　　话　010-52029019
电　　邮　chinaopm@sina.com.

出版发行　北京工艺美术出版社
地　　址　北京市东城区和平里七区16号
邮　　编　100013
电　　话　010- 84255105（总编室）
　　　　　010- 64283671（发行部）
传　　真　010- 64280045/84255105
网　　址　www.gmcbs.cn
经　　销　全国新华书店
印　　刷　北京利丰雅高长城印刷有限公司
开　　本　889mm×1194mm　1/16
印　　张　22
版　　次　2012年5月第1版
印　　次　2012年5月第1次印刷
书　　号　ISBN 978-7-5140-0146-4/J.1046
定　　价　98.00元

建议上架：美术及投资专业类

图书在版编目（CIP）数据

中国油画市场. 第9辑（总第30辑）/
苗凤池主编 .--北京：北京工艺美术出版社，2012.5
ISBN 978-7-5140-0146-4
Ⅰ.①中… Ⅱ.①苗… Ⅲ.①油画-行情-中国 Ⅳ.
① F724.787
中国版本图书馆CIP数据核字（2012）第 086518 号

赵梦歌 折枝图 100×140 布面油画 2011

刘孔喜 青春纪事之三—家信 150×100 木板·坦培拉 2006

目录

【永不贬值的财富】中国坦培拉绘画代表人物

大家·刘孔喜

刘孔喜先生对古老的坦培拉技法的研究与表现独步艺坛，数十年坚持不懈的凝练，而今已是中国坦培拉绘画的顶尖人物，如果说西方前辈大师波提切利、曼泰尼亚、弗朗西斯卡、荷尔拜因、巴尔蒂斯等创造并充实了这个古老绘画，那么孔喜先生则是在对他们深入研究与悉心传承之后的续写与发扬。文/[illegible]

我知道孔喜自毕业后创作甚勤，作品众多，但我有理由把他看成“慢热”型或“厚积薄发”型人才，这是因为在他的众多作品中，表现知青生活的《青春纪事》最能代表他的艺术成就，而这些作品都是近年完成的。

张冬峰 远眺曼哈顿 60×85 布面油画 2010

中国名家

P50–169

他坚持油画自身特质的同时还巧妙利用中国传统绘画中的黑白、缓急、松紧、虚实等关系，使画面铺呈大气，逸趣横生，尤其是水墨里的“韵”的成分被其用油彩的材料表现出来，这是冬峰先生传承西方经典而又能突破他们之所在。

大气磅礴是山之姿，清新流畅乃水之韵，这是我多年以来对王辉先生风景作品的一直坚持的看法，王辉先生的构图严谨而不乏韵致，对视界里的图景取舍概括总能体现一种铮铮精神，这是时下许多以柔美昏蒙入画的画家画面所明显缺乏的“骨气”。

王辉 六月山村 130×160 布面油画 2010

10拍10中，百分百的成交率，而后迅猛突破百万，单件平均也在40万上下，引起来自上海、南京、杭州、重庆、沈阳、合肥、香港以及北京等一线城市的许多藏买家的注意。

在历经疆藏苏多地辗转，人静景多样题材，甚至写实、表现、意象多种风格考验之后，艺术家依然不动摇自己的法度与追求，这在“见异思迁”的当下状态里难能可贵。

【潜力】

最具升值潜力艺术家

李文东 横陈 155×180 布面油画 2006

170 李文东

尽管他的画面不令人视觉愉悦，但它所传达出来的震撼却是有超强的穿透力，观者动容，读者动心，强烈的人性表现力是李文东作品最为显著的特色，它的意义绝非那些表象之上的娇态美眉或腴态美体的画家们所能望其项背的。文东，必成大器。

洪浩昌 五婶家 60×90 布面油画 2011

196 洪浩昌

想象和神秘构成了浩昌绘画明显而稳定的特色，并因此在目下琳琅满目的画面中脱颖而出，一骑绝尘!

222 陈天强

陈天强先生选择了“小”，悉心构制成“小”幅玲珑，真情平凡在市井“小”人，率意琴心为“小”题“小”景，方寸之间乃见天地，此本为中国篆刻之意趣，但在天强先生的画面中却一样让我们有此感受，可贵的是他造型严谨中不乏生动，色彩滋润中满富质感，自然流畅，近远有致，平衡统一，意趣横生。在以符号为要旨的所谓当代艺术和以唯美为追求的传统写实这两大阵营之外，开辟出新的路径，艺路艺市，来日方长而不可限量。

陈天强 女生系列三 90×70 布面油画 2009

246 侯志民

侯志民先生的作品却能很好地予以注意并尽力克服之，华丽的金色中没有庸俗的富贵气，洁净的白色中没有死寂的僵白，即便大红大紫的运用也杜绝了艳俗的成分，因而他的人物端庄而自然，娇美而玲珑，优雅而恬静的画面气息无形中将其画面的意境得以提升而在目下众多写实画家画作中显露出来。

侯志民 春恋 100×65 布面油画 2008

270 马蕾（马磊）

马蕾是个有性情的艺术家，他有着扎实的表现功力但不因扎实而呆滞了画面，马蕾是个有思考的艺术家，他有着非同一般的敏锐但不因敏锐而浮滑了画面，马蕾是个有时代审美的艺术家，他有着年轻人的朝气但不因年轻而使关怀流于媚俗，七零人中，佼佼者也。

296 杨海峰

《山花烂漫时节》《在河之南》不管是《谁的红帆船》，带着你一颗真诚之心去驾驭它，你一定会有莫大的收获，“本来无一物，《何处染尘埃》”？我以海峰这四件有影响的作品，连成一句话，大概也能道出这位年轻艺术家的艺术态度来。

大家

中国坦培拉绘画代表人物

刘孔喜

单单他这些年持之以恒地用坦培拉这种画法画画，用他的作品将大家不熟悉的这个欧洲古老画种介绍给中国观众，并被中国观众所喜爱，就是一个很大的功绩。

——潘世勋

我与坦培拉

文 / 刘孔喜

【编者按】中国写实画派首批成员、首都师范大学刘孔喜教授以精湛的坦培拉技法和唯美关照饮誉艺坛，稍早时期的作品多以民族或民间的人物为主，追求恬静的审美意趣，刻画细腻入微，画面相当讲究人物主体与背景之间的呼应衬托，意境悠远，画里画外所透出的气息和画中人所生存的状态，巧妙结合，相得益彰，浓厚的田园情调给人留下深刻的印象。稍后的《青春纪事》是其具有代表性的系列作品，艺术家以纪实手法再现一段时期的生活景象，借助一些特殊时期的特殊符号营造那时那地的真实情境，并以切身感受赋予画面以现实主义关怀，怀旧与伤感贯穿整个系列，而这份情感的生发是作为知青的画家本人是自然而然的，其作品绝不是以一种形式来满足受众的感官，他的作品包含着挥之不去的个人情结和社会发展的写实性，由此而呈现出艺术家的精神特征。在所谓当代艺术纷纷攘攘、传统艺术再度领跑，人们对中国油画的价值再次审视之后，主流写实更加受到各路藏卖家的垂青，而刘孔喜先生对古老的坦培拉技法的研究与表现更是独步艺坛，数十年坚持不懈的凝练，而今已是坦培拉绘画的顶尖人物，“坦培拉绘画艺术或许让我们感到陌生，其实它离我们很近，由于时势缘由，我们之前不曾识得它的真实面目，一旦我们了解到它的历史地位和艺术价值，我们自会对它另眼相看，并努力创造坦培拉绘画新的光荣。”如果要说西方前辈大师波提切利、曼泰尼亚、弗朗西斯卡、荷尔拜因、巴尔蒂斯等创造并充实了这个古老绘画，那么孔喜先生则是在对他们深入研究与悉心传承之后的发扬与续写，这一点在绘画本身的意义就非同一般，所以老艺术家潘世勋先生说“单单他这些年持之以恒地用坦培拉这种画法画画，用他的作品将大家不熟悉的这个欧洲古老画种介绍给中国观众，并被中国观众所喜爱，就是一个很大的功绩。”坦培拉艺术弥足珍贵，越往将来越能凸显其珍贵。

我对坦培拉绘画艺术发生兴趣始于20世纪70年代末，是在鲁迅美术学院学习期间。那时正逢紧闭多年的国门刚刚开启，艺术之春的花蕾初绽。作为“文革”结束后幸运地第一批走入艺术殿堂的大学生，我与不同年龄、来自不同阶层的同学们一道，如饥似渴地汲取着各种艺术营养，探寻各种有关美术的知识讯息。欧洲古代传统绘画的深厚与精湛使我们仰慕万分，现代美术潮流的前卫与奇异使我们心跳不已。在经历了一番躁动不安和潮起潮落之后，我的心逐渐开始平静下来。我发现，以个人的性格和志趣而言，我还是对西方绘画史中那些代表人类文化成就的传世经典巨作更为倾心。因此，在绘画实践中，有一段时期我热衷于对欧洲古代绘画大师的借鉴与模仿。然而随后我就发现，以课堂传授和已知的绘画技法材料，无论如何也画不出古代画家特别是乔托、波提切利、安吉利柯、凡•爱克、弗朗西斯卡等大师的作品风貌。而后在中国风行一时的“怀斯风”作品也使我不以为然，抛开题材内容不论，直观感觉使我认定他们使用的那些材料技法与安德鲁•怀斯肯定不同。这使我在心中升起疑问：大师们的作品究竟是用什么材料、什么技法画出来的呢？是油画吗？是我们在课堂里学到的直接画法的那种油画吗？然而，翻遍图书馆里的所有资料和图册，均找不到我要的答案，包括教授西方美术史的老师也无法给出让我信服的解释。于思索困惑中，我却越发对此产生了兴趣，我甚至预感到：如果真的确有另外一种我所未知的绘画技法，那么它肯定是与我有不解之缘、为我的内心所认可的绘画技法，因为它与我的艺术理想与绘画追求是如此吻合贴近，以至于让我朝思暮想，心向往之。后来，大学毕业，又攻读研究生，搞过版画、油画、插图、连环画，然而我一直念念不忘这个理想，任何有关绘画，特别是欧洲古典绘画技法的只言片语、点滴信息都会激起我的兴趣，引发我的遐思。

进入20世纪80年代后期，国内美术界的情况发生了变化。当时，几位赴欧洲考察研究的美术界前辈回国后撰文著书，开创了绘画技法材料

研究的先河。他们从不同角度、不同侧面介绍了大量过去我们闻所未闻的有关欧洲传统绘画技法与材料方面的知识。一些国外的画家、学者也先后被中央美院、鲁迅美院等邀请来华讲学传道，几部有影响的的绘画技法材料专著得以翻译出版。也就在这时，“Tempera”以及译成中文的“丹配拉”、“坦培拉”或“蛋彩画”才为我所知，这使我大长见识且振奋不已。我终于知道我所倾慕的许多大师的作品原来并非油画，或并非我们所谙熟的“直接画法”的油画，深厚悠久的西方绘画传统也并非仅“油画”二字就可以简单囊括的。但究竟“Tempera”为何物，鸡蛋作为绘画媒介剂该如何配制运用，用何种技法，怎么画，等等，仍然不得其详，只有靠自己去揣度、猜测、试验。尽管如此艰难，我却没有却步，且越发坚定的相信：对“坦培拉”这一未知画种材料技法的全面“破解”、掌握将是真正实现我绘画艺术理想的终极，一种无法抗拒的魔力吸引着我继续蹒跚前行。

1993年初，事情终于出现了令我欣喜的转机：日本东京武藏野美术大学接纳我为该校外国人研究员，专门研究坦培拉绘画技法和油画古典技法。油画学科的根岸正、齐藤国靖、铃木民保先生担任我的导师。几位先生都曾先后在欧洲留学，在欧洲传统绘画技法与材料方面的学识造诣颇为精深。此后一年中，在他们的悉心指导和耐心传授下，我得以在理论上清晰地领悟了欧洲传统绘画的产生、发展、演变的渊源及进程。通过对各个时期经典作品的临摹、研究，使我完整的了解掌握了其中技法与材料的知识。尤其是对坦培拉绘画的学习研究，使我内心郁积的困惑得到了排解，寻觅多年的绘画理想得到了实现。当我真正懂得了坦培拉作为一个有别于油画及其它画种的含义与奥秘，并能够比较熟练地运用它的时候，它的所有特性立刻为我的精神需求所认同。

我喜欢坦培拉绘画的纯粹手工操作，反复涂刷、将底板打磨得平滑如镜的过程对我的耐心、心性是一种很好的考验和磨练。我喜欢坦培拉绘画严谨复杂的绘制程序，这正好使我在不断调整理性思维与感性把握的过程中梳理和深化对视觉形象的认识，最终将其“凝固”在画面上。我喜欢坦培拉绘画由多层罩染画法所形成的内在含蓄、有如绸缎般的色彩光华和诗意中蕴含着深沉的韵致格调，这与我的精神心境相吻合，也正好顺应了我对这一技法材料的追求。我还喜欢坦培拉绘画的速干、持续、稳固、优雅，它将我带入到一种向往已久的静穆和平、从容镇定的创作意境。这些都对我具有特殊的吸引力。在一种绵绵不断、层层叠加、颇似编织营造的过程中，我不仅沉浸于对一种欧洲古典绘画技法材料的驾驭和把握，同时还体验到一种宁静致远、远离浮躁的艺术创作状态。在这种状态下，我逐渐感觉到摆脱了现实的无奈与桎梏之后内心所获得的平衡，人性中固有的善良和创造性得到了源源不断的释放。对于一个画家来说，还有什么比这种状态与心境更叫人惬意和欢愉呢!

回国后，我于1994年开始在首都师范大学美术学院开设了《油画古典技法与材料研究》的课程教学，主要教授坦培拉绘画技法和油画透明罩染技法等课程。如今，经过十多年的不断探索、改进、充实、完善，已经形成了一套完整的教学大纲和课程体系。其它高等美术院校也先后陆续开设了包括坦培拉绘画技法在内的油画技法材料课程，并各有自己的特色和实践，但总体来说发展不够规范平衡。作为一门新型的油画技法材料学科，我们应该尽快弥补这一空白，使之健全、规范、系统，纳入我国高等美术教育的课程体系之中。

我通过多年的教学实践体会到：包括坦培拉绘画技法课程在内的油画古典技法与材料研究课程，既不完全等同于其它绘画技能课，也不是纯粹的技法理论课。它有极强的实践操作特点，又与其它的基础课程互为补充，互相促进。从教学效果看，大多数学生对坦培拉绘画技法课程的理论讲授和技法材料实践内容是很有兴趣并乐于接受的。这些只经过专业突击训练即进入到高等美术院校学习的学生，对欧洲传统绘画的了解只有油画，一般也只是经过了直接画法的单一训练，对相关技法材料知识的了解少之又少。所以，开阔他们的视野，让他们真正了解欧洲传统绘画技法材料的发展演进历史，掌握其它绘画技法和材料知识，推动我国油画教学走向系统全面的发展是我和众多同道多年来的不懈追求和努力方向。

如果说一个世纪以前，我们的先辈在将西方绘画引入到中国之初，由于各种时势缘由，曾经冷落或遗忘了坦培拉绘画艺术，那么今天，我和许多专家学者为此付出的所有艰辛劳作正是在努力弥补这一空白。（本文节选自刘孔喜《经典教案系列丛书•坦培拉绘画技法》代序　安徽美术出版社 2010年）

刘孔喜　天山彩云　38×45　木板·坦培拉　2011
刘孔喜　布兰　61×50　木板·坦培拉　1996

历史记忆的诗化图像

——刘孔喜《青春纪事》系列绘画解读

文 / 王洪义（上海大学美术学院教授、《公共艺术》副主编）

刘孔喜是我的同班同学，在我们那一班十二人里，有七个来自黑龙江生产建设兵团的知青，孔喜和我都在其中。我知道孔喜自毕业后创作甚勤，作品众多，但我有理由把他看成“慢热”型或“厚积薄发”型人才，这是因为在他的众多作品中，表现知青生活的《青春纪事》最能代表他的艺术成就，而这些作品都是近年完成的。我知道这样的评价会杂有较多个人情感，因为我也下过乡，难免对表现知青的作品有所偏爱。

青春的恋歌

“知青”是对一代参加上山下乡运动的城市青少年群体的称谓，由于其整体命运过于起伏且与中国社会变革难解难分，导致这个用来表达某种身份的词语已成为一个社会文化概念，也理所当然地成为当代文学艺术创作的热门题材之一。从早期的知青小说到近来的知青影视作品，皆以浓彩重墨表现当年知青生活的酸甜苦辣，而孔喜的知青题材美术作品，也从特定角度塑造了一批感人的知青形象。从图像角度看待历史，会发现不同历史时期的思想文化倾向，总是会通过物质的外观部分得以体现，神权时代大肆修建寺庙，君权时代大

肆修建宫殿，当下时代也就只能炫耀权势和财富了。作为文化大革命的组成部分，上山下乡运动的政治意义远大于农业生产意义，知青的政治放逐身份远重于农业生产者身份。

孔喜在作品中描绘了毛主席像章，军大衣、军用书包和水壶，还有挺拔昂扬的身姿，都是政治激情时代特有的图像和肢体符号；狗皮帽子，原始劳动工具和纯净无瑕的神情，则传递出农业生活中的纯厚美感。当然，构成这种美感的核心元素，不是体现社会意识形态的服饰和生活用具，而是自然生命中青春年华的美好。

我注意到近年来很多知青美术作品都在表现“青春”（如2008年在上海美术馆展出的知青油画展名为“青春叙事”，版画家郝伯义表现知青生活的系列彩墨作品也名为“一代青春”），讴歌或感伤青春，成了当代知青文艺创作的核心命题。虽然每个成年人都经历过青春岁月，但知青身份本身就是青春的代名词，只有那早已消逝的青春，才会让这些已经退休或者即将退休的人反复吟咏一唱三叹。况且，对一代知青而言，除了青春记忆也不会有更多的话好说。

“青春是人的一生中最宝贵、最美好的年华。然而，知青们这段美好年华却是在十年艰辛的农村生活中度过的。在这十年中，伴随着他们的是血泪、汗水、痛苦、彷徨、困惑和辛酸。尽管如此，知青们还是怀念那段青春岁月，不管里面有多少无奈和屈辱，也不管里面掺杂了多少不愉快的情感体验。他们希望能从青春的追忆中挖掘出聊以自慰或引以为荣的东西，以证明自己火样的青春年华。”

当然，追忆历史不等于复原历史，说到底，知青们的青春记忆只是事后的回想，必然带有当下时代的思维印迹。可以把孔喜较早完成的《老歌——革命人永远是年轻》（1999年）看成是《青春纪事》的“序言”或“引子”，因为这幅作品为我们提供了《青春纪事》的现实背景：几位衣着考究、表情凝重的中年人，站在金黄色的一望无际的丰收麦田前若有所思，其中有白裙女子手捧一捆麦子；他们的脚下和麦田上空，飞扬着一些被风卷起的纤细麦秆，如同零散而错落的音符，把画中人的思绪牵引到对昔日生活的回想中——那时他们都是知青。是的，画面中人物正是当年下乡知青今日社会精英的如实写照，虽说不上是衣锦还乡，但总还是没忘故地。事实上，近些年来确有很多老知青开始成群结伴重返农村故地重游，让人们再次聆听到上山下乡那遥远的历史回声，只是这个现象只局限于亲历者而不再是某种强制性的社会运动了。

有诗人说：青春是一本仓促的书。还有诗人说：青春是一片斑驳的树叶。这些说法都很美丽很伤感，但对历经农村生活洗礼的知青来说，青春哪里有那么小资？从社会学意义上说，中国知青只是昔日疯狂政治神坛上的一道祭品吧？无论个人所遇如何（如下乡到兵团的知青比插队知青的生活条件好一些），就整个上山下乡的历史而言，不能不说是一个民族的苦难记忆。虽然文艺创作可以无关政治，但有

刘孔喜 青春纪事之十五-原野 木板·坦培拉（局部1） 2011

刘孔喜 青春纪事之一--初踏荒原 木板·坦培拉（局部） 2005

切身体验的知青艺术家在表达与个人生命如此切近的题材时，通常不会忽略对真实历史的感受，即便是有虚构和夸张的作品，也一定是以真实性为基础的。

“知青记忆散文的虚构,是以真实为基础的。他们以现时的我对当时的我、及其周围的人与事， 进行重新叙述。现在的我,怎能清楚记得当时的我以及周围的人与事的种种呢？ 因此,当作者从记忆中抽出过去的印象,把它再现的时候,便需要不同程度的虚构。这个虚构空间,是作者表现叙述技巧之所在。”

孔喜的这些表现知青的创作有明显的唯美倾向，但我不会把《青春纪事》看成虚构作品，这不仅因为作品中包含很多真实的细节，更因为作品中的情感属性有着真实的历史依据。如《青春纪事六——离离原上草》中，那两个女知青身姿挺拔高挑如服装模特儿，动态也有舞台表演倾向，不大符合真实的在田间地头劳动的日常场景，但这种看似虚拟的形象动态其实很符合当年知青的精神风貌，手法的夸张和修饰来自于对历史语境的理解。我在下乡时就见过不少意气风发的知青人物，他们幼稚，但不乏激情；蒙昧，却一心向上；他们用汗水浇灌宽广的土地，宽广的土地也把他们养育成大地之子。孔喜作品描绘的正是这样一个年代和这样一群人啊！

命运的馈赠

昔日参加春种秋收的农业劳动，今日描绘渐行渐远的青春记忆，都得益于奇诡生活的馈赠。正如林樾在《黑土地上的收获》中说：“这10年，我们在贫穷中求生存，在苦涩中求欢乐，在屈辱中求自强，在人生中求真情，尽管我们时时都想留在农村，尽管我们或迟或早都离开了农村，但我们的心已永久地留在了那里，随着我们的汗水和泪水，播进了那片黑土地。在那黑土地上，我们收获的是直面人生的坚忍、顽强、乐观、真诚，在艰苦的生活中，我们长大了，成熟了。日后不管怎样的大苦大难，我们都会从容面对，因为我们是插过队的一代。”虽然口气不小，但我相信这是并无虚饰的自况，否则很难理解为什么那么多人在功成名就之后仍然不忘记自己曾经的身份，比如陈丹青就一直在说自己是个老知青，李斌和潘衡生也一直在坚持知青题材的美术创作，而孔喜的《青春纪事》也已经画到了12幅之多。

“一度轰轰烈烈的知识青年上山下乡运动画上句号以后，有的人说，那是不堪回首的往事。有的人说，文革是要否定的，但是知识青年上山下乡不能否定，青春无悔。有的人说，怪就要怪我们国家人太多了。有的人说，这无非是个就业问题。就业问题解决好了，今后就不用下乡了。有的人说，回忆往事，那些年月还是有值得留恋与美好的东西。有的人说，美好，那你再美好去啊，你怎么不去？有的人说，这不是一个简单的肯定或者否定的问题。”

谁都无法给过去的生活开列数学公式并精确计算得失，个人命运在急剧起伏的历史大背景中也显得微不足道。也许上山下乡的现实之于知青，正如蒸笼之于馒头，无论火大火小、水多水少、是一个挤一个还是相互留有空隙，作为馒头的青年人都会被这热气腾腾的蒸笼催熟的。这里不妨把《青春纪事之五——边疆雪》与《青春纪事之四——探家》做个对比，看看画面中的这两个女知青有什么不同。“边疆雪”中的知青似乎是一个刚刚来到北大荒的城市娇女，她穿着并不合体的崭新军大衣，皮肤细腻润泽，目光中略有惶惑不安，因为不适应气候的寒冷，她在用口中的呵气来温暖冻僵的手指。而“探家”中的女知青就明显成熟许多，她神色平静而自信，只身携带两个旅行袋和一个鼓鼓的大挎包，站立在路边等候着能将她载去车站的拖拉机；她身上的军衣已经洗得发白，旅行袋和挎包也都有些陈旧，但前边双手提着的旅行袋上的北京站图案却清晰可见，“北京”两个字也很醒目。我私下揣度，孔喜不也正是北京知青吗？他当年不就是拎着这样的旅行袋往返奔波的吗？

然而，成熟的知青又能怎么样呢？时移而世变，他们注定要在社会大潮的拍打中接受新的考验。经济法则接替政治训令，科学理性制止野蛮疯狂，个人奋斗取代群体平庸，急剧变化的现实让一代知青走出政治炼狱之后，迅速进入新的人生之旅。“特别是知青中的“老三届”不少人赶上1977 年的恢复高考，改革开放为他们提供了施展才华的机遇和舞台，使他们在许多领域力擎大任， 成为跨世纪的栋梁之材。但是成为精英的知青毕竟是少数，大多数知青人到中年，体力和精力正在走下坡路，对社会适应能力正在减弱，随着不少企业效益的滑坡，不少人还未到年龄就提前退休、下岗，又面临着重新择业的艰难。所以他们在思想感情上需要慰籍和社会的关怀。知青精神是唤起他们重新振作，在同代人的理解和关怀中获得新的人生拼搏的勇气和力量。”这也正是今日知青文艺创作的社会价值所在吧？虽然青春年华已逝，往昔作为也隐退到历史深处不大有人提起，但知青们的奋斗精神却未曾止息，他们凭借这种意志在商海中奋力搏击，在科研中勤于探索，在自谋职业时独撑局面，也凭借这种意志创作追忆往昔生活的文艺作品。

孔喜以女性肖像组画格局完成的《青春纪事》，着力刻画一代女知青的特有美感。在这些形象身上，我们不但看到了作者的审美追求和技术能力，还能看到作者对历史与人生

刘孔喜 荒原牧马 24.5×26 碳笔白纸 1977

刘孔喜 青春纪事之六-离离原上草 木板·坦培拉（局部1）2007

的独特理解，以及对纯美的精神世界的向往。他用绘画记录了一个悲情与浪漫兼有的时代，生活艰苦而世风纯朴，年轻女性的形象成为刻画的重点。这是一组神情、装束和背景各不相同的年轻女性形象，她们身后是草地、麦田、白桦林、雪地和村庄；她们面对观众以垂直站立的方式出现，自信、美丽、质朴，也许还有一点点羞涩。作者对道具的刻画写实至极，镰刀、斧头、皮帽、旧水壶、农田鞋、旅行袋、搪瓷茶缸、棉手套、信封、像章，都有着强烈的视觉真实感。如《青春纪事之一——初踏荒原》中与背景上油桶相呼应的，是女知青陈旧的绿军衣上的几点油垢，由此暗示画中人物必是拖拉机手，她驾驶机车参加了开垦荒原的工作，身后草地上的惊飞麻雀也暗示千古荒原迎来了新主人。从创作角度讲，如果没有亲身经历，怕是很难完成这样细致的描写。我还注意到作品中屡屡出现的红围巾，也是那个年代爱美女性所青睐的衣饰，这种单调的颜色也很容易让人回想起那个寂寞的年代，正如研究者所说："作家对生活有着敏锐的感受力和超越性追求。知青作家由于自身的特殊处境和人生经历，对现实的反思和对理想的挚爱决定了他们比一般人更需要精神家园。精神家园可以是自然，是宗教，是关于未来的一个动人的想象，也可以是对一段已经逝去的时光的深沉回忆。"

时至今日，知青美术已成为中国当代美术的重要组成部分，很多知青美术家也成就显著，久负盛名。追溯这些艺术成就的来源，一方面有赖于中国社会特有的现实生活的锤炼，另一方面也取决于知青画家的勤奋努力。刘孔喜的很多画册中刊有他当年的速写作品，用炭

《老歌-革命人永远是年轻》创作题记

"革命人永远是年轻，
他好比大松树冬夏长青。
他不怕风吹雨打，
他不怕天寒地冻。
他不摇也不动，
永远挺立在山岭……"

一支歌，一支老歌，一支唤起一代人无限情怀的岁月之歌，四十多年来一直传唱到今！而曾历经"风吹雨打"的我们，对这支歌更是倍感亲切！作为一个当今的"老知青"，我曾那三次重返令我魂牵梦萦的北大荒，为着追求一段往日的岁月与远去的青春。这幅作品表现的就是这样一些特定的历史背景下的特殊人群，多年以后，旧地重游，一切亲切又陌生，故人已去，旧梦难寻，时光荏苒，天各一方。面对生活的压力与挑战，他们不知是否还象年轻时那种充满激情，那一刻，他们一定会唱起那只老歌……

刘孔喜 老歌-革命人永远是年轻 163×154 木板·坦培拉 1999

刘孔喜 青春纪事之六-离离原上草 木板·坦培拉（局部2） 2007

笔或铅笔完成，尺幅不大，黑白效果极佳。我每看到这种黑白手法的速写就会有一种亲切感，因为这种画风曾流行于当年的"兵团美术学习班"，在那种相互习染的学习氛围中，北大荒的很多知青画家都能熟练掌握这样的技法，而孔喜的速写就深具代表性。在农村生活的艰苦条件下，居然能有那么多的知青美术爱好者在体力劳动之余，在田间地头捧着速写本大画其速写，这个现象本身就说明当年知青中确有很多艺术人才，试想现在的美术学院里条件是何等优越，但是你又能看到几多这样的景象呢？从这个特定角度看，真不知上山下乡是一个该诅咒的还是该缅怀的年代？看看敬一丹作为知青妹妹前往北大荒看望姐姐时的感受吧：

"在十四连，我以一个中学生的眼光看到了那充满激情，崇尚英雄的生活，第一次接触了北京知青、上海知青，第一次感受到集体生活的青春气息，到开学时，我都舍不得离开了。又放暑假了，我又一次来到十四连，姐姐带我去看她们冬天里修的水库。那些冻土块已变成坝，坝里蓄满了水，桥栏上有四个大字：屯垦戍边。我们就在"垦"字边拍了这张照片，这时，我已经十分向往知青生活了。1972 年夏天，我也成了知青。"

我相信这是真实的思想记录，虽然这种思想已很难被今天的青年所理解。在曾经有过的激情年代里，无数青年被自上而下灌输的政治乌托邦理想所诱惑，将自己的青春奉献给一场声势浩大的社会运动，虽然这种奉献在时过境迁之后被证明价值不大甚至毫无价值，但是这样一种源于生命热力的追求过程是不会毫无价值的，这是因为生命在哪里留下印记，哪里就永远值得怀念和珍惜。孔喜的《青春纪事》正是这样怀念青春、珍惜历史的精美之作，作为上山下乡的亲历者，我庆幸如今还有人能以画笔钩沉遥远的历史片段，更庆幸在当下昏沉沉的物质时代里，也能偶然看到璀璨的精神之光。

余论

孔喜以知青为题的这组油画作品，以古典手法完成，形象动人，内容质朴，是对特殊时代中人物的造像，自有其不可替代的历史价值和艺术价值。我去过孔喜的画室，知道他坚持使用欧洲古典坦培拉绘画技法作画，材料和制作方法考究，从起稿到敷色都按程序操作，还要为每幅作品绘制大量草图和习作。此种工匠式的认真态度保证了作品的质量，所以他的每一幅作品都完整细致，绝无时下画坛上常能看到的疏忽和草率之弊。但本文较少提及他的造型技巧和制作方法，这并非意味着制作不重要，而是因为作为艺术表现内容，知青主题牵扯广泛，社会意义深远，若只从技术层面展开论述，可能会因小失大，有损此种特殊题材的重大社会意义。所以如有读者想从技术层面上了解孔喜的作品，建议阅读孔喜撰写的《经典教案系列丛书•坦培拉绘画技法》一书，即可获得对这种古典制作方法的详细了解。

众家集评

范迪安　冯　远　邵大箴　水天中　潘世勋
张祖英　尚　辉　王　镛　邹跃进　余　丁
梁晓声　黄河清　孙志钧　尹少淳

刘孔喜先生作为我们50年代出生的一代艺术家，在新中国的发展历程中，经历了非常不寻常的岁月。他们和中国社会一起经历了动荡、曲折、发展和前进，也经历了文艺思想的动荡、起伏和今天的稳定与发展。所以，这一代人是在时代的大潮中生活，是在社会的变迁中追求艺术、研究艺术和走上创造道路的，因此，对于伴随新中国成长起来的一批中年艺术家的研究，应该成为我们今天美术界一个新的、也是重要的课题。我们一方面要尊重并研究老一代艺术家在整个20世纪美术过程中所做的贡献，同时，我们也要把目光聚焦到1950年代出生的一批艺术家身上，才能形成中国美术在20世纪延续到当代的整体发展进程。刘孔喜先生当年从北京到边疆，又再度到学府最后在高校任教，他所走过的人生道路和艺术道路始终是把自己的绘画理想和自己所感怀的现实经历结合起来，他的作品是他几十年的创作凝聚而成，我觉得艺术对于刘孔喜先生来说真的是一种真诚的语言和真诚的命题。他这个人非常朴实，这些年来不断有作品参加各种专业展览，让我们认识了他艺术道路的一个个的脚印。他的创作与其说是他青春的足迹，同样也是刘孔喜先生的足迹，这是我对他艺术的总的一个看法。刘孔喜先生的艺术在今天可能会提供我们探讨一些学术问题，有四个方面值得我们从他的艺术中来发现、思考、讨论。第一，绘画的叙事性与造型性的关系问题。孔喜的作品和史诗般的社会经历有关系，因此，也有相当的文学性。他早年做连环画、做版画都与文学有关系，他的作品中含有很明显的叙述性因素。他是用造型艺术的语言来表达的，因此，在叙事与造型之间他处理得很好，同时也做出了很成功的探索。第二，孔喜的艺术具有全景与主体的关系。我想这一代艺术家很重要的特点就是从学画之初就怀有比较大的理想，孔喜的一大批速写和素描，特别是素描中总有一种对于整个眼前现实的全景观照，这种观照实际上是那个时代赋予画家的一种文化的眼光。但是，孔喜又是在一个感受兵团生活、感受人生变迁的过程中，找到了许多点，从而使这种全景式的观照最后落实到个体形象的塑造上，通过个体形象的形式来揭示一代人的命运。第三，孔喜的作品很好的处理了语言和技巧的关系。我们都知道，在改革开放后的中国油画发展中，我们迫切需要解决油画的语言技巧和造型问题，而孔喜先生正是把坦培拉这种古典西方绘画技法和当代中国现实的表现结合上作出了成功的探索。第四，他很好的处理了创作与教学的关系。一方面他的作品有相当的数量，一方面又把创作的体会带进教学，把创作中所获得的关于艺术语言、造型和技巧的经验带进教学，并长期坚持下去，这就使得他的教学是：教可以为道，授可以为继。所以，刘孔喜先生的艺术成就也为我们探讨如何成一个优秀的艺术家教授或者教授艺术家提供了案例。（范迪安　中国美术家协会副主席、中国美术馆馆长、中国国家画院美术研究院副院长。）

孔喜的作品这些年不断看到，尤其是我们中年人对他的作品赞赏有加，我是其中之一。在我们今天这个注重形式、注重外在的时候，刘孔喜的作品给了我们一个能够静下心来欣赏、思考的机会。通过作品中人物那种忧郁的眼睛、略带沉迷的情绪以及那种在灰色调之内饱藏着的丰富的内心世界，深深打动着我们的心。我想不光是我们这代人，年轻人也会从他的作品中读出很多跟当下美术创作有关的东西，这正是刘孔喜作品的特点和价值所在。我们这代人有一段非常独特的经历，就在于经历了共和国的很多变故，我们年轻时曾经在北方经历了那样的生活，所以我们有机会通过图像的语言来表达，这跟文字表述是不一样的。我们一直在提倡作品的思想性、艺术性和观赏性三者俱佳，刘孔喜的作品给了我们这样

刘孔喜 烤包子 55×73 木板·坦培拉 2004-2010

刘孔喜 艺术人生-画家尚扬肖像 73×60 木板·坦培拉 2001

的启示：外在形式是重要的，但不是全部，思想内涵是内容的一部分，它是打动人心、超越时空、成为优秀的艺术作品留存下来的基石和精髓。这也正是刘孔喜艺术作品的魅力所在。刘孔喜非常努力，从事美术创作和美术教育这么多年，他是一个不张扬外露的人，性格里是唯美主义、象征主义，并且是“顽固派”的一种，这恰恰是我们那代人的特点。把他一系列作品排列组合在一起欣赏，刘孔喜绘画作品的形象符号就非常地清晰了。（冯远　中国文学艺术界联合会副主席、中国美术家协会副主席、清华大学美术学院名誉院长、中国艺术研究院博士研究生导师。）

刘孔喜的作品我早就熟悉了，他是改革开放之后成长起来的画家。文革期间在北大荒插队劳动那么多年，经过艰苦的锻炼和学画的经历，改革开放之后上大学、读学位，从事美术教育和写实绘画的创作，还曾到日本学习坦培拉绘画技法，他的经历令人感动。对艺术家来说，要在两个方面进行修炼，一个是“道”，一个是“技”。“道”的层面非常重要，“道”就是做人，人的人格力量和精神追求。“技”就是要通过反复劳动、学习、研究，掌握技巧、技法。技法、技巧是很重要的。画史上的风格变革，有时就是受技法或材质、媒介变革来推动的。坦培拉不属于我们一般了解的油画，是比油画还要古老的欧洲传统绘画技法，但是在现代绘画领域，它仍然被人们采用，并赋予新意，技法也有变化和改进，探索这种西方传统绘画技法如何在新的条件之下发挥它的特点和作用，是有意义的。刘孔喜在这方面做了很多工作，对推进我国当代绘画技法更为完善和多样做出了自己的贡献。在精神即“道”的层面上，刘孔喜忠于生活、关注现实。他画那么多现实中的人，刻画劳动者的形象，态度认真，感情真挚。刘孔喜是一位很实在很诚实的艺术家，在写实绘画中追求表现的生动和神韵。王国维曾经讲过：文学和艺术有写境和造境两派，他认为造境属于想象派的画家，他说的写境不是书写，而是写实。写境的画家是写实派。造境和写境，想象和写实这两派画家并不是没有关系的，而是相互联系的。写中有造，造中有写。刘孔喜是写境即写实的画家，但是他有想象力和创造性，仔细看他的画，里面有他的精神追求。他是当代中国写实画派一位活跃的成员，他的审美选择和艺术追求，受到了大家的尊重。刘孔喜是一位有艺术才能的画家，相信今后他会在艺术创作和教学中发挥更大的作用。（邵大箴　中国国家画院美术研究院院长、中央美术学院教授、博士研究生导师、《美术研究》《世界美术》主编、俄罗斯列宾美术学院名誉教授、北京国际美术双年展策划委员、北京国际美术双年展学术研讨会总主持、国务院新闻办《中国网》专栏作家。）

刘孔喜是一位具有多样艺术才能的艺术家。他曾在沈阳鲁迅美术学院版画系学习和任教，创作了许多功力深湛的版画作品。20世纪90年代初去日本深造，研究欧洲古典绘画技法和坦培拉绘画技法，颇有心得。归国后任教于首都师范大学，从教学和创作两方面深化对坦培拉绘画技法以及油画古典技法的研习所得，创作出一批具有特殊美感的作品，值得美术界同行欣赏。“坦培拉”（Tempera）是欧洲古代画家普遍采用的绘画材料技法，它的历史和用它绘制出来的作品，其分量不在我们所熟悉的油画之下。凡•代克以前的绘画大师们的名作，大都是用坦培拉画法完成的，近现代许多名家也喜爱这种古典画法。对于一个艺术家来说，采用哪一种材料、技法，完全是他个人的艺术选择，但那些古典绘画技法除了材料、工艺程序的不同之外，还包含着一种艺术态度，那是由不同的生活信念和不同的价值观所决定的。简单地说，就是一种深思熟虑、从容严谨的作画方式，就是对绘画本体的高度追求超过“短期效应”的创作态度。坦培拉画法留给刘孔喜的，显然不仅仅是对一种过去不太熟悉的技法的掌握。画家的艺术趣味和他所醉心的绘画技法相互适应，相互熔铸，这是艺术家在追寻理想的表现方式时常常出现的现象。坦培拉画法在不同的画家手中，表现出不同的效果，但它们之间也有一些相通的东西，从波提切利到安德鲁•怀斯，他们的作品都具有静穆、单纯之美。刘孔喜研习了坦培拉画法之后的作品，也开始带有这种静穆、单纯之美。他所描绘的人物质朴而宁静，这不仅是形象神情、动作和人物身份的特征，也是作品整体形式处理所具有的质朴和宁静，显示了画家艺术个性的成熟。古典绘画技法与他本人原有的艺术素养融合无间，相得益彰。这些作品使我们看到，刘孔喜在向欧洲古典绘画大师的技法和形式学习过程中，摸索到他个人的表现技巧。这些具有中国气派和现代风格的坦培拉作品，标志着刘孔喜艺术道路的新阶段。从他创作的一系列作品，我们可以感受到刘孔喜对这种技法的成功借鉴，以及他对生活、对自然的态度，那是一种远离流行的浮躁，亲近平静的心性和精神状态。它既是潜心于古典绘画技法的前提，又是驾驭古典绘画技法的条件。刘孔喜曾说：“我喜欢面对画面，一面思考，一面幻想，营造理想的绘画意境。”这是一种令人欣羡的艺术境界，它会孕育出静穆深沉的绘画作品；这也是一种

刘孔喜 塔吉克女郎 53×65 木板·坦培拉 2004
刘孔喜 青春纪事之十三-月上荒原（局部1）

令人欣羡的生活方式，它会净化一个现代人的心灵，使一个人处于“心远地自偏”的人生境界。（水天中　中国国家画院美术研究院副院长、中国艺术研究院美术研究所所长、研究员、《中国美术报》、《美术史论》主编、中国美术家协会美术理论委员会副主任、中华人民共和国文化部高级专业职称评审委员、中国油画学会常务理事。）

西方油画传入中国已届百年，但中国画家开始了解坦培拉和画坦培拉作品，还是近二十几年才有的事。过去我们对这个古老画种了解介绍都很少，存在很多误解与混乱。坦培拉这个古老而特殊的画法，近现代画家也用，法国的维亚尔、毕加索，俄国的谢罗夫、克罗文都画过，当今美国最前卫的意大利裔画家克利门特有大量的作品都是用坦培拉画的。提到刘孔喜，我不谈他的作品，单单他这些年持之以恒地用坦培拉这种画法画画，用他的作品将大家不熟悉的这个欧洲古老画种介绍给中国观众，并被中国观众所喜爱，就是一个很大的功绩。刘孔喜热爱和选择坦培拉绘画不是偶然的。他青年时代在北大荒那段刻骨铭心的经历，以及北方黑土地的自然环境，都使他对美国坦培拉绘画大师安德鲁·怀斯那些描写美国西部垦荒时代的绘画产生共鸣，所以他最初是受安德鲁·怀斯影响开始。而后在日本武藏野美术大学进修，又给他提供了深入研究这种技法的机会，使他从版画家转变为坦培拉画家。这些年他从开始画肖像，到后来画一些比较大幅并带场面的作品，做了很大的努力。特别是《青春纪事》系列作品，也如怀斯一样极带感情地反映北大荒拓荒时代的一种人生轨迹，主题与技法结合得很自然很匹配，相得益彰。（潘世勋　中央美术学院教授、中国美术家协会会员，中国油画学会理事，享有国务院颁发特殊贡献津贴荣誉。对于西方绘画技法材料研究多年，公认是这一领域的专家和学术带头人。）

刘孔喜先生的作品里反映出一种真诚，作品中年轻人对美好生活追求表现的非常真切。对从事艺术创作的人来说，你经历过的任何生活都不会是浪费的，不管是多么艰辛和曲折。在你一生的创作道路中，这种生活的体验，更不会是浪费，反而有助于你对生活的认识，是财富、是营养。因为无论是欢乐、痛苦，都会使一个人的思想情感变得更为丰富和深刻。对于刘孔喜的画和人我很是钦佩，在近二十年的时间内，他对坦培拉的技术进行了深入的研究和细致的分析。现在全国从事这方面研究的人非常少，他的创作和研究对于这门专业和学科在中国的发展具有非常重要的意义，多年来他创作了很多有影响的作品，取得了公认的成就，对于中国油画的发展功不可没，前景是非常广阔的。（张祖英　中国国家画院油画院副院长兼秘书长、中国艺术研究院研究员、中国油画学会副主席兼秘书长、中国美术家协会理事、油画艺术委员会秘书长。）

刘孔喜先生是一位从北大荒走出来的著名画家。他和我们所知道的五十年代出生的这代艺术家，所走过的艺术道路有许多共通的地方。刘孔喜是北京到北大荒的知青，他的艺术创作历程起点也首先来自北大荒。在北大荒很多美术家的影响下，首先开始版画的学习和创作，1977年刘孔喜非常幸运地成为文革后第一批考取美术学院的学生，此后刘孔喜先生在鲁迅美术学院读完学士、硕士，主要从事版画艺术的学习和创作。他的作品《赫哲渔乡》曾经产生了很大的影响，参加了全国美展和1982年法国巴黎春季沙龙展。1993年又到日本学习坦培拉绘画技法。刘孔喜先生先后从事了版画、连环画和油画以及坦培拉绘画技法创作。回顾刘孔喜先生的艺术创作历程，从版画、连环画一直到《青春纪事》坦培拉绘画系列，全面展示了他的艺术成就。他从版画的黑白处理和连环画的水墨用笔中汲取营养，最终选择坦培拉技法进行艺术创作。他表现他们那一代人的人生经历和体验，带有一种淡淡的忧伤，对于历史的回眸和沉思，他的画面里有一种特殊的感觉。从《青春足迹》我们可以看到刘孔喜作为一个从知青身份走过来的画家，他个人的艺术经历，包括他的《青春纪事》，实际上是这一代人的集体记忆。他是中国当代写实油画家重要代表人物之一，尤其他在坦培拉的学习、推广和借鉴方面在中国油画界有他的独到之处，别人是不可取代的。（尚辉　中国美术家协会《美术》杂志执行主编、中国国家画院美术研究院研究员，艺术学博士。）

刘孔喜先生的绘画艺术，看了之后很让人感动，也能够引发人的思考。他的绘画技法比较全面，涉猎速写、素描、版画、连环画、油画、坦培拉等各个画种，都有一些精品。他的速

刘孔喜　北方九月　55×78　布面油画　2012
刘孔喜　若尔盖的小扎西　32×22　木板·坦培拉　1999

写、素描基础非常深厚，为他后来的创作打下了基础。我觉得他最值得关注和最引人注目的是知青题材的坦培拉绘画。经过了这么多年，刘孔喜和那一段知青生活距离很远了，只是一种回忆，而他的《青春纪事》系列，仍然能够打动我们，为什么呢？青春时代的情感，在人一生中是最真挚的情感，尤其人到了中晚年，对青春时代的记忆更加强烈。当时知青生活可能并不像我们想象的那样痛苦，当然会有痛苦、忧虑，但“少年不识愁滋味“，那种青春的迷惘和生命冲动，对美好的追求和向往，仍然占主流。虽然有艰辛也有痛苦，但是搀杂着青春的欢乐，回忆起来那段生活未必都是痛苦。歌德有一首小诗：“痛苦留给你的一切，请细加回味；痛苦一经过去，就变为甘美。”我注意到他的画法确实比较规整，造型和线条都很干净、光滑、严谨，那种朴野、粗犷的农村生活的苦涩相对来讲冲淡了，更凸显的是青春的纯真和美好，这方面被画家强化了，在某种程度上是理想化了，不过，这恰恰符合画家现在的心境，符合他现在对那段知青生活的回忆。如果我们理解他现在是作为中年画家对青春岁月的一种回忆，一种偏重于纯真与美好的回忆，就不会产生误会，因为现在回忆当时的一切包括苦涩都是美好的。画家知青题材的作品和他的坦培拉技法形式非常吻合、协调，他用这种画法很细腻地描绘他对知青生活的回忆，让人感到他的情感特别纤细、特别温柔，有一种柔情在里面。有一股清新、纯真的青春气息扑面而来。这跟画家的真情投入有很大关系，而且跟他的绘画技法有很大关系。画家运用了古典的坦培拉画法，这不仅是一种技法、一种形式、还是一种精神。他把古典的精神——西方古典艺术的精髓同时吸收进来了，所以他所塑造的人物不仅使人看到美好的画面，还有一种古典的圣洁。他塑造的人物是比较理想化的、圣洁的、纯真的、美好的，也吸收了西方的古典精神，这正好又符合他的青春记忆。孔喜先生的坦培拉绘画作品已经成为当代中国画坛一道独特的风景。（王镛　中国艺术研究院美术研究所研究员、博士研究生导师、著名美术评论家。）

我把刘孔喜先生的艺术放在知青美术题材的谱系里面来研究。众所周知，新中国成立以来，从五十年代开始到文革结束，知青下乡，或者叫城里人下乡就一直在进行，这是一个很重要的社会现象。我发现，刘孔喜老师创作的知青题材的作品，特别关注从“红卫兵”到“知青”转换的结合，这个无疑能使人们对它的回忆所带来的情感变得非常复杂。我们知道在改革开放之初，红卫兵的题材叫伤痕，而表现纯知青的题材，我们基本上把它放在“乡土题材”这样一个层面上来看待，所以在那个时候两者是分裂的，即它们是两种题材，面对的也是两种问题。刘孔喜把知青生活和红卫兵的身份都放到作品中来叙事，我觉得这是有着知青生活经历的艺术家刘孔喜对那个时代的重新认识。这种认识，就从身份的意义上有了一种新的角度，或者说一种新的方式，它能使我们看到过去所忽略的东西。对文革中各种事件的看法，实际上已经非常个人化了。当然，这并不是否认我们有一种集体的记忆和叙事，而刘孔喜的叙事，是从他的个人经验出发，今天的生活经验在其中起了很大的作用，是刘孔喜重新回忆历史的起点。这种叙事和用当时的知青照片来呈现公共记忆和经验是有差异的。所以，我认为刘孔喜作品中的唯美倾向并无问题，因为每个人对历史的回忆是不一样的，我们没有一个纯粹的知青应该是什么，不应该是什么的统一答案，历史是要不断解释的，就我所知并没有说知青必然是痛苦的本质定义，即便有这个定义也是后来的人建构出来的。这样来看，刘孔喜的作品里面如果有唯美倾向，我觉得也是合理的，并且是有意义的，他反映了一个身处新的历史时期的人对知青生活的重新认识。（邹跃进　中央美术学院人文学院美术史系主任、教授，博士研究生导师。）

“青春足迹”或者“青春纪事”，它本身就是一个叙事。而这种叙事或对于知青的回忆，自改革开放以来，在中国美术创作中是一个很普遍的题材，从七十年代末到八十年代初的乡土写实主义，到九十年代很多人都在表现这个题材。刘孔喜的作品跟他们不同，以往的知青题材都非常关注当时状况的真实反映，但是刘孔喜的作品超越了他的叙事情景，已经从原来的叙事对象的情景当中脱离出来，超越了这种叙事情景，去追求一种唯美的效果，这里面有两个原因：第一个原因是他的艺术追求。他在对于西方古典坦培拉技术的追求当中会不自觉的对于古典艺术在精神层面上有一种追求。我们知道坦培拉技术是从中世纪开始的，在中世纪的宗教绘画里，一直到北欧文艺复兴之前，它一直是一种主要的技法，在宗教绘画里面坦培拉技术是用来表现宗教的神圣感或者具有某种纪念碑性质。由于刘老师对于坦培拉技法的研究，导致他的作品在叙事过程当中更多的是强调对象的纪念碑特性或者是某种宗教般的神圣，而不是让自己的描绘陷入到叙事的现实主义情景当中去。在这个过程当中，虽然同样是表现知青题材，他从原来的叙事语境当中提炼出来，超越了这个叙事语境，这是他的精神追求。跟叙事相关的问题是唯美。我们说超越叙事的语境，它所表达的是唯美的追求。而在刘孔喜看来，美的问题或者是真善美当中的"美"的问题是艺术当中最重要的问题。在他的绘画当中有三个层次的美：第一是生活当中的美在作品中的反映。第二是坦培拉技法材料的美。坦培拉技法会带来作品表面的光泽和材料本身的美感，这在许多迷恋坦培拉技法的西方绘画中都可以看到。第三是精神层次的美，这可能是他最重要的一种追求。"寻源问道"，这个词对于刘孔喜来说极其恰当。"寻源问道"是对于古典传统技法的追源，目的是为了追求真理，用通俗的话说就是真善美，用中国的语汇来说是道。道在今天看来就是自由，海德尔的哲学里说真理就是自由。所以寻源的目的，是从传统当中寻找创作的灵感以及对传统技法的学习和沿袭，其根本目的是要寻找自己在艺术上的自由，刘孔喜先生已经找到了通往自由的这把钥匙。（余丁　中央美术学院人文学院副院长、艺术管理学系主任，是惟一参加国际艺术管理教

《青春纪事之八-融雪完达山》创作题记

漫长的冬季过去了，完达山的积雪开始融化，沿着沟壑流到山脚，露出积雪下面的冰层，冰层变薄，逐渐退向岸边，就形成雪水了。
这是令人欣喜的时节，春天快要到了，尽管不合体的棉袄还要穿上一段时间，但毕竟转暖了。在《青春纪事》系列绘画中，我偏爱描绘大面积的积雪和秀美的白桦树，一是记忆深刻，二是借此怀念我们当年的清纯。我从不掩饰我对这一代人青春的留恋，对每一个经历过"上山下乡"的人来说："青春无悔"或"青春有悔"都已经并不重要，每个人都可以依据自己的人生际遇得出不同的结论，重要的是：我们曾经经历，我们是共和国历史上绝无仅有的一代人。

刘孔喜　青春纪事之八-融雪完达山　90×200　木板·坦培拉　2008

刘孔喜　维吾尔族女孩侧面像　50×40　木板·坦培拉　2011

育学会(AAAE)研讨会并做演讲的中国学者。2006年赴纽约哥伦比亚大学艺术管理系进行访问教学，与该校艺术管理系主任、国际艺术管理教育学会前任主席简•杰夫瑞教授合著出版了《向艺术致敬：中国与美国的视觉艺术管理》一书。该书的英文版在美国和欧洲发行。编撰出版国家“十一五”规划重点教材《艺术管理学概论》。文化部国家艺术科学年度课题“西方艺术管理学研究”负责人。)

我看孔喜先生的画心里很感动，虽然我教的是中文。在课堂上我常把孔喜的画用幻灯打出来，让同学们评论。我强调作为学中文的学生不要看他把服饰画得多么细，我们主要看人物的面庞，在面庞中捕捉人物的表情，在所有的东西中我们关注眼睛所传达的目光。我从孔喜先生画中我读到了忧郁和坚忍，而且也读到了一种类似圣徒般的圣洁情怀，我个人觉得这种情怀到我们知青后期的时候已经和意识形态没有关系了。现在对于知青有一种误解，认为在长达11年的时间里，我们只是怀着理想，劳动和恋爱，根本不是这样。事实上在我们下乡之后的两三年就开始思考国家命运了，那时候我们经常在一起讨论中国怎么办？在这样的前提下，在知青们的脸上我可以看到忧郁，一定也包含有对这个民族和这个国家的大忧郁，至少我读懂了。我认为孔喜先生理解这代人，他的理解和我的理解是一样的，他把这些都呈现出来了，呈现得令我感动。(梁晓声　中国当代著名作家、北京语言大学教授、硕士生导师、中国电影审查委员会委员及中国电影进口审查委员会委员。)

看孔喜的画，我感到亲切和共鸣，这个共鸣我想可以从三个方面来讲。我也是五十年代出生的人，文革对于很多人来说差不多像地狱，有很多人把知识青年描绘成灾难性的东西，知识青年下乡不是地狱也不是天堂，我觉得这是很正常的。其实在下乡的时候我们并没有感觉到是被抛弃和被压迫，或者是去受苦受难，没有这种感觉。所以在比较正常的情景里面，所发生一系列跟青春有关的故事，都是值得我们回忆的。孔喜的画让我看到青春记忆，我感觉它是有文学性的，甚至有象征主义的。孔喜虽然是一个北方人，但是我觉得他有南方人的细腻，有对生活细节的敏感。这也是一个好的作家和好的画家所必须的素质。孔喜对生活细节注意，并且能够把它表达出来。我相信他不是刻意的，对他来讲是记忆深刻。他之所以选择坦培拉表现技法，跟他天性细腻的性格有关，因为坦培拉是特别适合表现细腻情感的。孔喜的画既画得细腻，同时还传达出来一种情绪——感伤与惆怅，画里有宋词的意境。(黄河清　浙江大学教授、首都师范大学特聘教授，巴黎第一大学艺术史学博士。)

我跟刘孔喜是同事，是朋友，也是同龄人。我

们前后来到首都师范大学美术学院工作，也都有过插队的经历，后来上大学，从事美术创作，还同时在领导班子里面共事过，我想谈三点。第一，我对刘孔喜比较了解，他学习坦培拉绘画技法虽然比较晚，但是他学到了正统的欧洲坦培拉技术，也培养了不少学生，他对于中国油画特别是坦培拉绘画技术的传播与发展，做出了杰出的贡献。由于他对艺术的感悟和自身的艺术修养，以及他特殊的人生经历，使他比较快的进入到坦培拉艺术创作，并且取得今天的成就，这跟他本人的勤奋是分不开的。也是跟他的努力与坚持是分不开的。第二，这些年我在外国看了很多美术馆和博物馆，看了很多坦培拉绘画，有一个感受，觉得中世纪的宗教题材，包括很多人物肖像，我觉得可能更适合于用坦培拉技法来表现，而肖像画更能反映人的精神状态，是后来的油画作品所达不到的。所以我觉得坦培拉技术有更大的魅力，在人物的表现层次上有它独特的优势。刘孔喜用坦培拉的技术表现现代人物肖像，并且从人物的精神层面来反映出坦培拉技术的特征。第三，我个人跟他有相同的经历，下乡很多年，也从那个时代走过来，从事艺术创作，我觉得刘孔喜的作品很准确地反映了那个时代人的精神状况。对于文革和知青题材，很多文学和影视作品里都反映了，它既不是天堂，也不是地狱，就是当时的生活。在那个时代人性和青春同样要焕发出来。我觉得刘孔喜的作品达到了一定的高度。（孙志钧　中国美术家协会理事、北京美术家协会副主席、首都师范大学美术学院教授、博士研究生导师。）

叶圣陶先生撰过一个对子：观钓颇逾垂钓趣，种花何问看花谁。观孔喜的画，我获益匪浅，快慰逾恒。它能够唤起我的体验。俄国文豪托尔斯泰说："在自己心里唤起曾经一度体验过的感情，并且在唤起这种感情之后，用线条、色彩以及音词所表达的形象来传达出这种感情，使别人也能体验到这同样的感情——这

刘孔喜　远雷　53×65　木板·坦培拉　2003
刘孔喜　远方　61×50　木板·坦培拉　1997

《青春纪事之四-探家》创作题记

每隔两年，才有一次探亲假，那是我们的节日。收拾起装满黑土地特产的大包小裹，换上最好的衣着，把自己塞进拥挤不堪的火车，经过几天几夜的艰难行程，终于回到久违的城市和亲人身边。在享受着都市文明与家人的亲情中，我们濒临干涸的心灵和疲惫的身体也得到些许滋润和喘息！而二十几天过后，将是充满留恋与伤感的离别和又是两年漫长的等待。
探家——是我们当年在北大荒艰苦生活的最大期盼，也是遥远的几乎看不到曙光的轮回。

就是艺术活动。”孔喜在北大荒当过知青，他将体验过的感情用绘画的形式表达出来，让我——一个曾经的知青同样体验到这样的感情，所以，我非常欣赏他的画。人到了一定年龄会产生强烈的怀旧情绪，而且怀旧的年龄似乎在提前，在我这个年纪，怀旧的情绪就愈发强烈了。孔喜的画有一种唯美的倾向，对此我是认同的。虽然当时生活的困苦、劳动的艰辛会令我们抱怨，但经过几十年时间的过滤，现在想来那段知青生活的确是美好和难以忘怀的。当年并不如人意的现实，被时间和记忆诗化了、美化了。在他的画里，我还看到了那个时代知青的影子——精力和体力是一生中最旺盛，在方向和前途上却感到最迷茫，这是当时我们身心状态的真实写照。我个人的艺术趣味虽然具有包容性，但还是比较偏爱写实的作品，这是我们那个时代艺术教育的结果。 一般的绘画在表现运动、力度或者强调大的画面构成关系时，需要忽略细节，比如马蒂斯的《舞蹈》就省俭了细节，而使得观者的注意力移向了运动和画面大的组织结构。有些作品的意涵则包含在丰富的细节之中，细节为我们的视网膜中的中央凹提供审视的对象，并引发联想和思考。孔喜的画是用细节说话的，像茶杯上的图案和文字，衣服领口等处的磨损……都蕴含着丰富的时代气息和思想内涵。这些细节对熟悉那个时代的人是一种记忆的唤起，对不了解那个时代的人，则是一种认知的激活，因为他们很难通过想象而自觉地达到这种状态。孔喜的画是叙事性的、情节性的，由此又令人想到了文学性。其实文学的内容也是多样的，有小说、散文、诗歌等。自然和社会都是过程，对过程的再现，只有小说最合适，现在则可能影视更胜一筹。诗歌（叙事诗除外）则是表达人对自然和社会的一种印象、感觉、情绪和联想，所以只有叙事性或者情节性的绘画与小说比较接近。但叙事性或情节性的绘画只能定格过程的一瞬，观者只能通过常识和对文本的熟悉才能前后延展，完成过程的连贯。因此，问题就转到了画家如何选取生活过程的瞬间了，在此方面，孔喜对当年生活的“截屏”是比较典型的，至少能够帮助像我这样的观众顺利地完成“过程”。“观钓颇逾垂钓趣”，我看画的乐趣兴许不亚于作画者的乐趣。自然和社会是复杂多样的，人与人的不同在基因中就“被决定”，即使是双胞胎也存在差别。因此“和而不同”应该是自然和社会多样性的共生原则，也应该是艺术丰富性的共存原则。孔喜之于坦培拉画法是一种选择，而坦培拉画法也成就了他。在社会和艺术界普遍浮躁的环境下，希望孔喜能够做到不“花心”，执着于自己的选择，“从一而终”，更加精进，创造出更加上乘的作品。“种花何问看花谁”，这也是我给孔喜先生的赠言。（尹少淳 首都师范大学美术学院教授，博士研究生导师。亚洲美术教育研究发展中心主任 ，教育部基础教育课程改革美术课程标准研制课题组组长，教育部中小学美术教材审查委员。）

刘孔喜 岁月 套色版画1980-入选第二届全国青年美展

刘孔喜 青春纪事之四-探家 150×100 木板·坦培拉 2006

北京
BEIJING

从版画《岁月》到坦培拉绘画《纯真年代》

1980年春夏之交，我正在鲁迅美术学院版画系就读大三，刚刚离开“上山下乡”生活了九年的北大荒两年有余，黑土地的风尘与印迹还没有完全散尽褪去。一次版画专业创作课，凭着对刚刚结束的知青生活的记忆，我创作了套色版画《青春》。画面中，一个刚刚劳动收工的女知青坐在水中的独木桥上，双脚交叉泡在水里，双手支撑在桥面，身体微微有些倾斜。她的目光凝视着水面，几只野雁正从女知青眼前的芦苇丛中惊飞乍起。草帽挂在独木桥头，脱下的水靴放在桥面的木板上，身旁有两把长把钐刀插进水中，背后是落日余晖映衬中的水面。我希望在画面中制造出一种动与静的对比，套色版画的方式还是当年在北大荒兵团美术创作学习班上所习惯使用的。那时创作这幅题为《岁月》的版画，其实是在表达一种对于刚刚“逃离”的北大荒以及社会底层知青生活的一种说不清、道不明的感情，那里留下了我和一代人最珍贵的青春岁月，而我们的生活与生命不该永远属于那片土地……

版画《岁月》创作完成之后，同年12月，入选了“第二届全国青年美展”，还发表在了《北京晚报》。作为一段创作课程结束了，我又投入到按部就班的学习生活，一切如常。此后很多年，我也没有创作过以 “知青”为题材的作品，过去的一切似乎都已渐行渐远，沉潜在遥远的记忆里，很少触及。

时光转眼又过去了二十多年，我也早过了“知天命”的年龄，像是有一种挥之不去的情结和使命驱使、指派，我又开始了以 “青春纪事”为主题的一系列反映知青生活的绘画作品创作，并且一发不可收拾，至今已经创作了十五幅之多。虽然创作手法从当年的版画换成了坦培拉绘画，创作与表现能力也较之二十年前更加成熟，但我创作的出发点和命题其实是一脉相承的。而这幅《青春纪事之十二——纯真年代》正是在1980年的版画《岁月》基础之上发展演变而成的。你看：画中的女知青依然身姿不变地斜身撑坐在独木桥上，芦苇丛更加茂密幽深。女知青的短发变成了双辫，形象依然纯真美丽。草帽换成了军帽，水靴换成了在当年更有特色的农田鞋。野雁飞走了，身后出现了一个腰别镰刀、双手拧着毛巾站在水中的男知青，眼神有些朦胧青涩地回望着女知青。画面的含意和内容应该是比二十多年前的版画《岁月》更丰富了。我试图描绘出在那个特殊的年代和历史条件下，在北大荒那片神奇的土地上，我们的青春、感情和着汗水、热血，曾经自在地流淌、歌唱。成长的青涩、朦胧的情愫、青春的萌动我们都曾有过，北大荒的粗犷与狞厉掩盖不住我们青春的纯真与美丽！今天，我们无法挽回逝去的青春，留住岁月的脚步，然而，当年的那份纯真却值得我们永远珍藏！画面的意境也从当年的感怀与伤感变为了一种对岁月的怀旧和对青春的礼赞。然而这两幅画之间的时空演变却渗透着我对生活与岁月的审视和思考，青春终会逝去，美好的情感却永驻在每一个亲历者的心中！

刘孔喜 青春纪事之十二-纯真年代 160×180 木板·坦培拉 2009

刘孔喜艺术年表

首都师范大学美术学院教授、博士研究生导师，中国美术家协会会员，中国写实画派成员。

1952年6月　出生于河北省固安县半边街村，自幼喜爱绘画，使左手，至今。

1959年9月　在河北省固安县半边街村读小学。

1960年2月　随家人迁至北京。

1960年9月　在北京市西城区北魏胡同小学读书，同时在西城区少年之家（今西城区少年宫）美术小组师从张艺辉先生学习绘画，此后六年，每周一次，从未间断。

1966年7月　小学毕业，“文革”开始。学业中断，在少年之家的绘画学习也中断。卷入“文革”运动，组织小学“红卫兵”，并赴上海、杭州等地进行“革命串联”。

1968年1月　“复课闹革命”，被就近分配到北京市西城区红旗路中学（原女六中，现为北京市第156中学），入学便是初二学生。

1969年8月　初中毕业，响应领袖“知识青年到农村去，接受贫下中农的再教育，很有必要”的号召，“上山下乡”赴黑龙江生产建设兵团4师39团工程一连（现为黑龙江省牡丹江农场管理局虎林市云山农场基建队），任泥瓦工，盖房、采石、伐木。

1971年7月　在39团工程连任水暖工，安装维修团部直属单位的锅炉、暖气，冬季烧锅炉。

1973年2月　调至39团文艺宣传队任文艺宣传队员。

5月　调至39团电影放映队，任电影放映员，并担任39团的绘画、展览和连队美术骨干辅导工作。

11月　参加兵团4师宣传科举办的美术创作学习班，结识沈嘉蔚、李斌、华逸龙、孙太明等4师美术骨干。

12月　学习班结束，与沈嘉蔚等人赴虎林县珍宝岛地区体验生活，采风写生。

1974年3月　赴佳木斯市黑龙江生产建设兵团总部参加兵团美术创作学习班，在兵团宣传处干事郝伯义先生指导下，创作出第一幅套色版画《将来》。开始为《兵团战士报》（后改为《屯垦戍边报》）绘制插图。

9月　版画《将来》入选“第一届东北三省版画联展”。

《青春纪事之十六-被遗忘的雪》创作题记

乍暖还寒的北大荒，雪下过，且渐渐消融。一些没有融化的雪仍残留在山间与树枝上，静静地等待着阳光，继而融入变幻的季节。而有过特殊经历的“知青”们，如同这残雪，正渐行渐远，淡出人们的视野，消融在时代的潮起潮落里。唯有在每一个“知青”的灵魂深处，仍时常用那即将消融的雪花滋润自己疲惫的身心。

《青春纪事之十-静雪》创作题记

北大荒的雪，有铺天盖地、骤然而降的，也有静悄悄，无声无息的，一夜醒来，天地已是一派银装素裹。雪后的空气变得更加寒冷，思维也变得更加清澈，于困顿迷惘中，常会联想到个人命运和归宿，而联想的结果又往往使人归于无奈和无助，在这思考显得多余的时候，我选择让她保持思维空白，融入到静静的雪境中。

刘孔喜 青春纪事之十-静雪 90×120 木板·坦培拉 2008

刘孔喜 青春纪事之十六-被遗忘的雪 73×60 木板·坦培拉 2012

1975年6月 赴佳木斯市黑龙江生产建设兵团总部参加兵团美术创作学习班，创作版画《其乐无穷》。

9月 被推荐作为工农兵大学生选送北京师范学院“革命文艺系”，后被39团领导以“工作需要”为由未能如愿，继续留在电影队工作。

10月 版画《其乐无穷》参加“第二届东北三省版画联展”。

12月 版画《其乐无穷》在《人民日报》发表。

1976年4月 赴佳木斯市黑龙江生产建设兵团总部参加兵团美术创作学习班，创作版画《战旗猎猎永飘扬》。

1977年6月 赴佳木斯市黑龙江生产建设兵团总部参加美术创作学习班，创作版画《喜看稻菽千重浪》。

10月 中央教育工作会议召开，决定恢复高考。立即申请探亲假，拿了大量绘画作品到中央美术学院报名，被告知中央美术学院当年不招收本科生。返回黑龙江途中，又来到鲁迅美术学院，受到徐灵、许荣初老师接待，得知鲁迅美术学院当年招生，立即返回农场，边工作边全力准备考试。

11月 参加黑龙江省高考文化课初试。

12月 经作品初试，被分配在鲁迅美术学院佳木斯考区参加专业复试。

1978年3月 考入沈阳鲁迅美术学院版画系学习。

9月 在顾莲塘老师带领下，与版画系同学赴辽宁省盖县鲅鱼圈采风写生。

1979年1月 版画《喜看稻菽千重浪》参加“四川、江苏、黑龙江三省版画展览”。

5月 在顾莲塘老师带领下，与版画系同学赴内蒙古昭乌达盟和锡林郭勒盟采风写生。

9月 在顾莲塘老师带领下，与版画系同学赴辽宁省绥中县采风写生。

1980年5月 与兵团好友孙达明赴黑龙江省同江县勤得利农场和赫哲族渔村采风写生。

6月 创作版画《古城小站》、《剪羊毛》、《风筝》、《岁月》、《牧歌》。

9月　版画《剪羊毛》参加“全国高等美术院校学生作品展览”。

10月　在成祖德老师带领下，与版画系同学赴大连采风写生。

12月　版画《岁月》参加“第二届全国青年美术作品展览”。

1981年5月　在李融龙老师带领下，与版画系同学赴山西、陕西、四川等地进行毕业艺术考察。

6月—8月　创作毕业版画《赫哲渔乡》。

9月　版画《赫哲渔乡》参加“第七届全国版画展览”。

9月—11月　创作版画《鲁迅与许广平》、《街道生产组》、《报刊亭》、《关中市集》。

12月　本科毕业论文答辩及毕业展览。

1982年1月　本科毕业，获学士学位，留校任教。

4月　报考本校版画系硕士研究生，参加考试。

5月　版画《赫哲渔乡》参加“法国春季沙龙展览”。

6月　连环画《太空归帆》（47幅）由黑龙江人民出版社出版。

9月　考入鲁迅美术学院版画系，师从朱鸣冈、陈尊三、全显光先生。成为该校首位硕士研究生。

1983年1月　版画《赫哲渔乡》获“辽宁省优秀文艺作品年奖”。版画《关中市集》参加“首届全国美术院校版画联展”。

2月　赴山东潍坊、高密等地考察民间艺术。

4月—7月　随导师朱鸣冈及师母林端正赴山东、安徽、江苏、上海、浙江、湖北、四川、河南、河北等地进行艺术考察采风。

6月　连环画《遥远的山村》（30幅）在天津人民美术出版社《故事画报》发表。

8月—10月　赴河北省涉县采风写生。

1984年2月　版画《赫哲鱼乡》参加“赴加拿大中国版画展览”。

8月　赴黑龙江省虎林县、密山县、饶河县、宝清县、同江县和建三江等地农场采风写生。

《青春纪事之十五-原野》创作题记

没有在北大荒呆过、劳动过的人，永远也无法想象北大荒的原野是何等广袤与粗犷！尤其是在开垦翻地时节，我们要在地里插上一杆杆垡旗，才能保证拖拉机手打出笔直的长垡。一根根长垡犹如长剑般伸向天际，也将我们的青春和热血播种在那片黑色的土地上。

刘孔喜　青春纪事之十五-原野
木板·坦培拉　120×150　2011

版画《太行山村十月忙》和《丰收之后》参加“辽宁省美术作品展览”。创作版画《太行人》、《我的导师朱鸣冈》。连环画《新来的副官》(125幅)由黑龙江美术出版社出版。

10月　版画《太行山村十月忙》参加“第六届全国美术作品展览”。

1985年1月　创作版画《荒原上长大的姑娘》、《我们的田野》、《小丫和她的牛群》。

5月　版画《我们的田野》参加“前进中的中国青年美术作品展览”。

7月　研究生毕业，毕业论文《当代艺术人才的观念与艺术的腾飞》在《美苑》发表，获硕士学位，留校任教。

1986年4月　连环画《小提琴的效果》(27幅)在《富春江》画报发表。

1987年1月　晋升讲师。

4月　连环画《野牛头邮票》(34幅)在《富春江》画报发表。

5月　连环画《罪过》(30幅)在《新春画报》发表。

9月　与顾莲塘老师带领版画系学生赴内蒙古呼伦贝尔草原采风写生。

1988年1月　连环画《冬天的话题》(46幅)在《连环画报》发表。

9月　连环画《神圣忧思录》(46幅)在《连环画报》发表。

10月　连环画《青年导师》(18幅)在《连环画报》发表。

1989年3月　连环画《无所不知的路透》(31幅)在《奥秘》画报发表。连环画《一位女硕士之死》(18幅)在《连环画报》发表。

5月　连环画《中国大学生》(上、下共70幅)在《连环画报》第5、6期发表。

6月　连环画《神圣忧思录》参加“第七届全国美术作品展览”。

10月　调至北京师范学院美术系(现首都师范

《青春纪事之六-离离原上草》创作题记

每当回忆起当年的我们，就自然地联想到北大荒的原野，我们就像是荒原上的野草，无需照料，靠着大自然的恩养，自然、杂乱而顽强地生长起来，追求着我们的理想和热情，保持着我们的善良与纯真，天长日久，我们已把自己的命运和那片荒原联系在一起。今天，当年的这些兵团战士已不知生存或栖息在哪里，但是我相信：北大荒的原野永远会因为我们曾经的存在而美丽。

刘孔喜 青春纪事之六-离离原上草190×185 木板·坦培拉 2007

刘孔喜 悠然 150×75 木板·坦培拉 2009

大学美术学院）任教。

12月 连环画《屡遭暗杀的女王》（10幅）在《奥秘》画报发表。

1990年1月 连环画《第四个》（20幅）在《奥秘》画报发表。

2月 连环画《流产的"闪光计划"》（16幅）在《奥秘》画报发表。

7月 连环画《周总理的故事两则》（23幅）在

刘孔喜 青春纪事之七：水中割麦 150×100 木板・坦培拉 2007

《青春纪事之五-边疆雪》创作题记

雪，好大好厚的雪！北大荒的雪，铺天盖地、一片银白，最是令我难以忘怀。下得大时，堵窗封门，半年不化。而在这漫长严寒的季节里，等待我们的可不是浪漫与冬闲。

刘孔喜 青春纪事之五-边疆雪 73×60 木板·坦培拉 2006

《青春纪事之七-水中割麦》创作题记

与踏雪割豆一样，在北大荒，总有些劳动是出人意料、极为艰苦的。在基本上靠天吃饭的岁月里，机械、人力齐上阵，抢收小麦，"龙口夺粮"是常见的事。尽管北大荒一直是中国农业机械化程度较高的地区，但在夏收、秋收的大忙季节，镰刀仍是每个职工时刻不离身的劳动工具，"小镰刀精神"与"机械化大农业"并存，成为那个年代北大荒生产劳动中的一大景观。

《连环画报》发表。

9月 连环画《亿万颗心系亚运》（18幅）在《中国连环画》发表。

11月 被批准成为中国美术家协会会员。连环画《王子求婚记》（彩色36幅）在《连环画报》发表。

12月 连环画《绘画圣经文学故事全集》之《创世纪》、《摩西》和《耶稣显神迹》（共360幅）由鹭江出版社出版。

1991年2月 连环画《金虎行动》（与吴国英合作，166幅）由河南美术出版社出版。

5月 连环画《爱从这里开始》（36幅）在《连环画报》发表。

6月 连环画《青年导师》获"第二届连环画金环奖"。

7月 连环画《东方魔水》（23幅）在《奥秘》画报发表。连环画《中国共产党历史连环画•光辉的历程》（89幅）由中国连环画出版社出版。

8月 与当年兵团战友组成"第二故乡回访慰问团"重返黑龙江省虎林县云山农场参观。连环画《老辙》（33幅）在《美术大观》发表。

12月 连环画《世界著名史诗十二部》之《伊格尔远征记》（30幅）由云南少年儿童出版社出版。

1992年5月 连环画《534号征婚人》参加"纪念延安文艺座谈会上的讲话发表50周年北京市美术作品展览"。

7月 连环画《这是我的权利》（6幅）在《中国连环画》发表。

10月 与袁广、沈礼老师带领学生赴河北涉县采风写生。

1993年3月 连环画《534号征婚人》（彩色、水墨共52幅）在《连环画报》发表。

9月 晋升副教授。赴日本国东京武藏野美术大学，任油画学科外国人研究员，师从日本著名画家、教授根岸正、齐藤国靖和铃木民保先生，研究油画古典技法与材料。

1994年7月 参加日本"第38回亚细亚亲善全国游说"活动，赴日本滋贺、彦根等地参观访问。

8月 研究员学业结束，回国。

1995年1月 申请首都师范大学科研课题，开设“油画古典技法与材料”专题研究，同时开设该课程教学。

2月—9月 创作油画《我的田野》、《夏日》、《坡上放牧》。

10月 连环画《延续生命的辉煌》(59幅)由中国连环画出版社出版。

1996年1月—8月 创作坦培拉绘画《布兰》、《春水》。

12月 油画《坡上放牧》参加“丁绍光奖全国美术作品大展”，获优秀奖，台湾歌林企业收藏。

1997年1月 参加“美术院校学生速写展暨教师速写邀请展”。

2月—9月 创作油画《似水流年》，坦培拉绘画《湘西女》、《远方》。

1998年7月 坦培拉绘画《红发卡》。参加“北京市美术作品展览”。

8月 赴四川松潘、红原、若尔盖和甘南藏族自治州玛曲、碌曲、夏河地区采风写生。

9月 《百家画库•中国美术家刘孔喜专集》由辽宁美术出版社出版。

10月 赴上海师范大学艺术学院参加日本群马大学富泽秀文教授执教的油画修复讲习班。

1999年1月 专著《坦培拉绘画技法》由西苑出版社出版。

2月 论文《融会于宁静与从容中的技巧—坦培拉技法肖像画创作谈》在《美术观察》发表。

2月—5月 创作坦培拉绘画《老歌—革命人永远是年轻》。

4月 论文《寻源正本 古法今用—对欧洲古典绘画技法研究与教学的思考》在《首都师范大学学报》发表。

6月 晋升教授。

7月 受聘担任文化部科技开发中心“绘画技法高级讲习班”任课教师。

9月—10月 创作油画《若尔盖的小扎西》。

2000年2月 专著《坦培拉绘画技法》获首都师范大学第四届优秀科研成果二等奖。

5月《刘孔喜写生集》由辽宁美术出版社出版。

7月《老歌—革命人永远是年轻》参加“北京市美术作品展览”。

2001年2月 创作坦培拉绘画《艺术人生—画家尚扬肖像》。

7月《老歌—革命人永远是年轻》参加“纪念建党80周年全国美术作品展览”，获优秀奖。

10月《若尔盖的小扎西》参加“研究与超越—中国首届小幅油画作品大展”。

2002年1月 专著《西方传统绘画与技法丛书—坦培拉绘画技法》由安徽美术出版社出版。

5月 坦培拉绘画《艺术人生—画家尚扬肖像》参加“纪念延安文艺座谈会上的讲话发表60周年全国美术作品展览”。

9月 《若尔盖的小扎西》参加“北京市迎接党的十六大召开美术、书法、摄影、民间艺术优秀新作展览”，获优秀奖。

2003年2月 专著《西方传统绘画与技法丛书—坦培拉绘画技法》由安徽美术出版社再版。

《青春纪事之三-家信》创作题记

生活在通讯如此迅捷时代的年轻人，写信、读信已是生活中极为稀缺的事，也无法想象纸质的书信对于当年那些远离都市、家人的男孩女孩是何等重要！在那些岁月里，读信、写信是我们在繁重的体力劳动之后舒缓精神，与关山阻隔的家人、朋友联系交流的唯一方式，也是在枯燥单调的生活中记录生活、保持阅读的重要方式。我的脑海中永远存有这样一幅画面：1970年12月，在北大荒长达半年的冬季里，我在完达山原始森林中伐木。每隔一两个星期，连队通讯员才上山送一次信件。一拿到信，我便迫不及待地放下锯子或斧头，靠在大树旁，撕开信封，急切地读起来。头顶是蓝天，脚下是白雪，周围是连绵不断的密林，家信里有使我欢乐或忧伤的太多内容，它们对我都同样珍贵。

刘孔喜 青春纪事之三-家信 木板・坦培拉(局部) 2006

刘孔喜 青春纪事之三—家信 150×100 木板·坦培拉 2006

5月—7月 创作坦培拉绘画《远雷》、《藏女》。

8月 《藏女》参加“携手新世纪—第三届中国油画展”。

9月 带领硕士研究生赴新疆吐鲁番、库尔勒、尉犁、库车、喀什、英吉沙、塔什库尔干等地区采风写生。

2004年2月—4月 创作坦培拉绘画《塔吉克女郎》

2004年5月 加入“北京写实画派”。

7月 坦培拉绘画《老歌—革命人永远是年轻》参加“时代风采—庆祝建国55周年北京美术作品展览”。

8月 赴欧洲西班牙、意大利、法国、德国进行艺术考察。

9月 《老歌—革命人永远是年轻》参加“第十届全国美术作品展览”。

10月 参加“北京写实画派首届年展”。

12月 《布兰》被中国美术馆收藏。

2005年1月 绘画作品参加中华慈善总会主办的“爱心中国—为支援印度洋海啸灾区”义拍活动。

4月 赴美国康奈尔大学和阿尔弗莱德艺术学院进行学术交流。

5月—6月 创作坦培拉绘画《青春纪事之一—初踏荒原》。

7月—9月 创作坦培拉绘画《青春纪事之二—踏雪割豆》。

10月 参加“中国写实画派2005年展”。

11月 随“世界著名华人美术家环球绘画和平之旅”访问柬埔寨，获柬埔寨“吴哥文化奖”。

2006年2月—4月 创作坦培拉绘画《青春纪事之三—家信》。

5月—7月 创作坦培拉绘画《青春纪事之四—探家》。

6月 绘画作品参加联合国儿童基金会“童梦圆”慈善义拍活动。

7月 带领硕士研究生赴内蒙古锡林郭勒盟采风写生。

8月 与当年黑龙江生产建设兵团4师39团文艺宣传队战友们重返虎林市云山农场访问。

9月 创作坦培拉绘画《青春纪事之五—边疆雪》。

10月 参加“中国写实画派2006年展”。

11月 随“世界著名华人美术家环球绘画和平之旅”访问俄罗斯，获“全俄罗斯美术家协会名誉会员”和“俄罗斯终身艺术成就勋章”。

12月《青春纪事之二—踏雪割豆》参加“精神与品格—中国当代写实油画研究展”。

2007年1月—5月 创作《青春纪事之六—离离原上草》。

6月 参加“个性之语—中国美术馆近藏油画作品展览”。

7月《当代中国油画家—刘孔喜》由天津人民美术出版社出版。赴俄罗斯进行艺术考察。

8月—9月 创作坦培拉绘画《青春纪事之七—水中割麦》。

《青春纪事之十三-月上荒原》创作题记

月上荒原，人聚人散， 记忆里有多少发生在月上荒原时的故事。故事并无多少浪漫，多与劳动和寒冷有关。在月上荒原时，我们曾经挥汗如雨地劳动；手提马灯等待夜班出工；蜷缩在颠簸的机车或爬犁上；奔赴在去建设新连队的途中。经历了数不清的荒原月、月荒原，在北大荒漫长的月夜里，我们的生命被浓缩、被净化，呈现出一种肃穆与宁静。在我的记忆里，月上荒原是寒冷的、清彻的、但又是壮丽的、凄美的。

刘孔喜 青春纪事之十三-月上荒原 木板-坦培拉（局部2）2010

刘孔喜 青春纪事之十二月上荒原 150×100 木板·坦培拉 2010

《青春纪事之十四–守望》创作题记

没有鲜花的花季，惟有麦田的守望，没有脂粉的妆扮，惟有泥土的芳香。光阴抹去了城市的痕迹，命运把我们抛在这片土地，迷惘与无助过后，我们开始真正地融入这里。一望无垠的麦浪让我们激动，一声声劳动号子使我们振奋，一年年的春耕秋作，我们祈祷上苍的保佑。我们是真正的麦田守望者，是一批来自城市的知青，年年岁岁，对自然的臣服、对生命的虔诚、对土地的崇拜、对丰收的渴望，已把我们变成一个地道的农民。
北大荒——这片神奇、美丽的土地是我们这一代人青春的归宿之地，我们的青年时代属于那里，她永远深藏在我们的心底。

10月 《青春纪事之六—离离原上草》参加“翰墨丹心—向党的十七大献礼全国美术书法精品展览”。参加“中国写实画派2007年展”。

11月 《青春纪事之六—离离原上草》参加“艺术中国—全国画展”。

12月 《青春纪事之六—离离原上草》参加“融合与创造—2007中国油画名家邀请展”。

2008年1月—3月 创作坦培拉绘画《青春纪事之八—融雪完达山》。

4月—6月 创作坦培拉绘画《青春纪事之九—乌苏里之夏》。

5月 赴上海参加“青春叙事—知青油画邀请展”及开幕式活动。参与中国写实画派集体创作抗震救灾大型主题油画《热血五月•2008》。

6月 大型油画《热血五月•2008》参加“心系汶川•全国美术作品特展”。

7月 坦培拉绘画《藏女》和《远雷》参加“灵感高原—当代西藏主题绘画邀请展”。

7月—8月 创作坦培拉绘画《青春纪事之十—静雪》。被批准成为博士研究生导师。

9月 带领硕士研究生与访问学者赴黑龙江省黑河地区讲学写生。

10月 参加“中国写实画派2008年展”。

11月《青春纪事之九—乌苏里之夏》被中国美术馆收藏。《青春纪事之十—静雪》参加“艺术中国—全国画展”。

12月《中国写实画派•刘孔喜》由吉林美术出版社出版。赴厦门探望导师朱鸣冈和师母林端正。

2009年1月 被中国国际问题研究基金会聘为“特聘艺术家”。被艺术与和平国际学术研讨会组委会评为“优秀现实主义艺术家 ”。

2月—3月 创作坦培拉绘画《青春纪事之十一—寂静山林》。

5月 参加中国美术家协会组织的采风团赴西藏拉萨、达孜、墨竹、工布达江、林芝、日喀则、江孜、定日、萨迦等地区采风写生。

2月—6月 创作坦培拉绘画《青春纪事之十二—纯真年代》。

7月 受聘担任第十一届全国美术作品展览水彩粉画展区复评评委。

8月 赴英国进行艺术考察。与当年兵团战友组织“纪念赴黑龙江生产建设兵团上山下乡40周年”活动。

8月—10月 创作坦培拉绘画《悠然》。

9月《青春纪事之六—离离原上草》参加“第十一届全国美术作品展览”。

10月《藏女》赴意大利参加“雪域高原—中国绘画作品展览”。参加“庆祝中华人民共和国建国六十周年•中国写实画派五周年特展”。

11月《远雷》参加“向祖国汇报—灵感高原中国美术作品展览”。

12月 赴武汉参加“中国写实画派五周年精品巡展”及开幕式活动。油画作品《塔什库尔干的女孩》参加“嫣然天使基金2009年度慈善晚宴”捐赠义拍。

2010年3月 赴西安参加“中国写实画派五周年精品巡展”及开幕式活动。

5月“青春足迹——刘孔喜绘画艺术展”在中国美术馆举办。

刘孔喜 青春纪事之七–水中割麦（局部）木板・坦培拉 2007

刘孔喜 青春纪事之十四-守望 150×100 木板·坦培拉 2011

《青春纪事之二-踏雪割豆》创作题记

没有在北大荒干过活的人不会知道，下雪了为什么还要去割大豆？那里冬天来得早且漫长，常常是雪已下过，地里的大豆还没有收完。这时，拿起镰刀，踏着冰雪去收割地里的大豆是最苦最累的活了。北大荒的自然是粗犷而壮美的，北大荒的体力劳动也是终生难忘的。四十年之后，当我静静地坐在画室里，着意地刻画着蓬松的狗皮帽、宽大的旧军装、潮湿的棉胶鞋和磨掉漆皮的水壶，尤其是那把我亲手制作、保存至今的镰刀，这时，我感觉是在用画笔掀开那些遥远的回忆，触摸不可重复的青春岁月。

《青春纪事之九乌苏里之夏》创作题记

经过了一个个寒来暑往，黑土地已把我们打造成地地道道的北大荒人。炎热的夏季，这个在荒原上挥汗钐草的女青年，似乎已经忘记了自己从哪里来？未来会到哪里去？都市文明与繁华渐渐离我们远去，取而代之的是春耕秋作、“要得一犁水足旺年丰”的农民意识。与天斗、与地斗、与人斗其乐无穷成为一种精神，在每个人心里扎下了根。

刘孔喜 青春纪事之二-踏雪割豆 122×87.3
木板·坦培拉 2005

刘孔喜 青春纪事之九|乌苏里之夏 150×100 木板·坦培拉 2008

《青春纪事之十——寂静山林》创作题记

对于青春的记忆，除去艰苦，还有曾经的美丽。已不堪回首怎样熬过每一个具体的日子，但周围一张张来自不同城市，操着不同乡音的鲜活而稚嫩的面孔，记忆犹新。虽然命运把我们抛到塞外边陲，青春同样绽放出动人的光彩，显露出无法掩饰的美丽。

《青春纪事之一——初踏荒原》创作题记

十六、七岁，我们远离都市，被抛到社会的底层。在遥远的边陲，最初踏入荒原的那一刻，是新奇、惊恐、兴奋、忐忑、抑或是惴惴不安，随着四十多年的时光流逝，已变得模糊不清。初踏荒原，也意味着初涉人生在广袤的北大荒，我们就像是女知青身后的被惊起的鸟雀，听凭命运把我们随意带到什么地方。

刘孔喜 青春纪事之十——寂静山林
150×75 木板·坦培拉 2009

刘孔喜 青春纪事之一——初踏荒原
122×90 木板·坦培拉 2005

名家

中国意象油画实力人物之

张冬峰

【凤池观察】张冬峰先生以扎实的功力、恬静的审美和自然的主题呈现出稳定而独特的个性风格，多年来饮誉学术与市场两界，特别是在画面的安排和处理上，展现出一位优秀艺术家过人的才思才情，以大量的创作实践诠释了艺术家对油画民族意趣的追求及其所达到的高度和境界，这是冬峰先生对中国传统文化和艺术深刻理解的结果。他坚持油画自身特质的同时还巧妙利用中国传统绘画中的黑白、缓急、松紧、虚实等关系，使画面铺呈大气，逸趣横生。尤其是水墨里的“韵”的成分被借用油彩的材料表现出来，这是冬峰先生传承西方经典而又能突破他们之所在。

有歌声的风景

文 / 苏旅

张冬峰的南方风景已经成为中国当代风景画的一种标志。

张冬峰的风景充满诗意，温暖而儒雅，是“南方的风景”画家群的突出代表。表面上，张冬峰在形式上并没有令人眼花缭乱的现代派创新手法，实际上，表面温和但个性极为特立独行的张冬峰，是一个断不肯跟在前人的步履上作重复游戏的艺术家。他在许多元素上悄悄颠覆了传统写实油画的清规戒律，他那兼工带写、炉火纯青的油画技法既有西方表现主义不拘一格的浓涂厚抹，又暗含了中国传统水墨写意的自由书写精神，已经无法套用西方油画的任何风格流派。

张冬峰对南方的阳光可谓独有心得，他笔下的光总是处于一种朦胧恍惚飘忽不定的感觉。和很多喜欢表现光但却无法深入其中的画家不同，张冬峰的光是一种在大气和水雾中游离不定的光，表现出南方人特有的温润、细腻和平和的观察力和心境，这和他着力表现南方山地的潮湿感和空气感是相一致的。张冬峰捕捉南方薄雾轻岚水汽充盈的风景的能力实在惊人，这就使他的南方风景呈现出一种无可替代的特质。

张冬峰并不刻意用所谓的民族符号或者中国传统装饰风格来改造油画，而是以自己的艺术天赋和诗学修养真正开启了中国“油画民族化”的大门，创造了自己的“张氏意象写实风格”。

在张冬峰貌似写实的作品中，我们绝对看不到传统写实油画那种过于僵化呆板、繁琐发腻的弊病，而呈现出一种大气、轻松、清新、明丽、令人神清气爽的东方式大写意风骨和田园诗意象。

细品之下，其作品中大至逶迤山岭田野杂树，小至路边花草鱼虫，甚至局部的勾勒和点染，都是精心经营，但无一笔不是率意挥写而为，但其画面又朴实到简直可以和原本风景乱真的地步。而张冬峰的作品中的深厚人文内涵和充满南方山地的童年亲情、乡情的温暖记忆，也是其能在中国画坛独树一帜的重要原因。

另外，像南方丘陵这种本不为人注意的地方景色因为一个画家的作品而成为被关注的焦点，也堪称创造了一个画坛奇迹。

张冬峰 涅瓦河的阳光 46×61 布面油画 2010

一个诗人的行吟

——中国意象油画研究之张冬峰

文 / 王东声

张冬峰应该是一个田园诗人。他的画诗情荡漾，思绪斑斓，纵使一石一蕉，一缕烟霞，一坡杂树，或者一洼积水，在他的笔下都极富浪漫色彩。应该说，是故乡的山山水水一草一木滋养了张冬峰的心智，孕育着他的诗人气质。他把自己身边的景致冶炼成"美丽"并诗意地凝结在画布上，诗意地展呈给了世人。

面对经济大发展的今日，现实社会就像一个巨大的工厂。做为个体的人就如同机器一样，高速不停地运转着，拥挤、膨胀、碰撞、冲突、刺耳的轰鸣、尘烟充塞着每一处空间。人类愈来愈远离了蓝绿色的栖居，人性的质朴与真诚也在渐渐褪化。然而，按现代社会的生存逻辑，想回到古代文人逸士那般的清静人生中去，似乎不太可能。人类正面临着方方面面的挑战，但向往自然渴望交流的深切情感不可泯灭。同样，艺术家们重视人生的体验和感受，利用绘画表达自我生存空间的理念，表达人类对于自然的眷恋与深情，寄托人类呼唤自然的情思，把探索人类生存的理想托迹于对自然美的追求之中，是许多画家关怀现代生存状态的一种表达方式。他们的作品为空间越来越狭窄的喧嚣生活，留住一段翠绿的山色，留住一挂清冽的泉声，并且，这种思索在创作之中也不断趋于深化。张冬峰是这批画家中的一位。通过画笔倾注着他对优雅自然的爱恋，以此表明

他的人生理想和深深情怀。

有的朋友说，张冬峰的画只不过是沉囿于小情小景式的短短情怀，场面不够宏大，技巧太过于简单。我不能同意这种看法。张冬峰的语言固然需要精练与概括，他的画面仍然存在着琐碎繁缛的遗憾。但是，我们不能苛求张冬峰的“狭隘”，纷纷扰扰的外面世界，毕竟不如自己构筑的桃花源自在。中国人的精神世界是与自然的亲近中建立起来的。人们的思维空间注重对老庄哲学的深刻理解。人类离不开自然，并不断寻找与自然和谐的要素，寻求人生的对应感受和人格的象征感，自然渐渐成为人类寻找慰藉和力量的源泉。人们可以把精神的苦闷消释于自然之中，又可以从自然中汲取精神的力量。中国的山水文化传统，就是人的心灵与自然呼应浸润的表现，是主观与客观，情与理，象与意的对立统一。张冬峰的画取材固然是从小处着眼，画家就是把内心生活交托给这些看似无情无性的“小”景，使自然和心灵达到了一种和融、通达、冲淡的境界。他的画是自然的人格化人格的自然化的集中体现。

身处今日并深深体会西方艺术的优秀品质的张冬峰，其艺术思维不可避免地游离于东西方文化之间，尤其是中国古代文化传统更是画家凝神晤对的。陶渊明的真淳，王维的灵秀，董其昌的淡远清新，吴仲圭的闲放幽远，八大的天性孤清，尤其是黄宾虹的绘画理念，都隐约在他的油画创作中，轮廓线处理得轻盈松动，自然空间秩序虚和而缥缈。正所谓“于无地之外，别构一种灵奇”吧。他的一些小品油画，其画面结构更接近于高更的透视空间效果，用笔倾向于纳比派代表博纳尔，并把雷东绘画的抽象感和神秘感化解开来，洋溢着一种生动清幽的独特气氛，充满了质朴悠游的田园野趣，同时也透露着作者敏感深沉的具有道家色彩的人生观念和哲理思考。（本文节选自王东声《意象油画研究》 文化艺术出版社 2011年，题目为编者后加。）

张冬峰 北戴河小码头 50×60 布面油画 2008

张冬峰 明仕田园风景之五 110×110 布面油画 2010

张冬峰艺术简历

张冬峰，男，汉族，1958年出生于桂林市，1984年毕业于广西艺术学院。1989年结业于中央美术学院油画助教进修班。现为中国油画院画家。享受国务院“政府特殊津贴专家”待遇。中国美术家协会会员；中国油画学会理事；广西书画院副院长；漓江画派促进会副会长。

重要参展、重要获奖：

1989年,参加“第七届全国美展”。

1990年,参加“中国首届风景油画邀请大展”。

1991年,参加“‘91中国油画年展”。

1993年,参加“中国油画双年展”。

1994年,参加“第二届中国油画展”、获“首届中国油画静物展”优秀作品奖、“第八届全国美展”优秀作品奖。

1995年,参加“首届中国风景油画展”。

1996年,参加“首届中国油画学会展”、“第三届全国水彩画、粉画展”。

1997年,参加“中国艺术大展.当代油画艺术展”、“走向新世纪—中国青年油画展。”

1998年,参加“当代中国山水画.油画风景展”并被聘为该展览会评委、“当代油画九人展”。

1999年,获“第九届全国美展”银奖。

2000年,参加“2000上海双年展”、“中国风景绘画艺术展”（芬兰）、“20世纪中国油画展”、“第二届中日森林.水与人画展”获最高奖。

2001年,参加“研究与超越—中国小幅油画作品大展”。

2002年,参加“情系武夷—中国著名油画家写生展览活动”。

2003年,参加“携手新世纪—第三届中国油画展精选作品展”获优秀作品奖、参加“中国油画创作研讨会”。

2004年，参加“第十届全国美展”获优秀奖、“中国现代油画展”（印度）；参加“江南水乡行—中国当代著名油画家写生展览活动”。

2005年，参加“第二届当代中国山水画.油画风景展”并被聘为该展览会评委、“大河上下—新时期中国油画回顾展”。

2006年，参加“无尽江山—南北油画邀请展”、“中国当代写实油画研究展”。

2007年，参加“庆祝香港回归十周年绘画艺术大展”、“第四届全国画院优秀作品展览”、“书写与表现—当代油家九人作品展”。中央电视台播出《中国油画人物志.张冬峰》专题片；作品《家园》被中国美术馆选送到俄罗斯，参加俄罗斯“中国年”活动。

2008年，参加“中国油画家赴柬埔寨吴哥古迹写生活动”、参加“中国油画写生作品汇展”、“2008第三届北京国际美术双年展”、“寻源问道-油画研究展”。

2009年，参加“悟象化境—传统思维的当代重述”画展、参加“第十一届全国美展获奖提名作品展”。

2010年，参加“此景此情—大陆油画名家写生展”以及在台湾的写生活动、第九届中国艺术节“中国风格•时代丹青—全国优秀美术作品展览”、“油画艺术与当代社会—中国油画展”。

2011年，参加“2011成都双年展”、“魅力烟台—全国油画名家画烟台作品展”。参加“中国著名艺术家赴南亚采风团”访问印度。

2012年，参加“第五批中国著名油画家访美代表团”访问美国。

出版画册：

《张冬峰黑白风景》、《张冬峰》油画册、《冬峰写生》、《冬峰油画》、《张冬峰油画》。多幅作品被中国美术馆、上海美术馆、浙江美术馆收藏。

张冬峰 豆角种子 160×180 布面油画 2010

张冬峰作
2010.12

张冬峰 张家界的树林 60×80 布面油画 2011
张冬峰 乳鱼亭 60×80 布面油画 2011
张冬峰 大化水电站 50×60 布面油画 2010
张冬峰 崂山石岭 50×60布面油画 2005

张冬峰作 2010.5

张冬峰作 2011.9

张冬峰 那锡村的初夏 100×80 布面油画 2010
张冬峰 浅湾 60×80 布面油画 2011
张冬峰 长岛松 60×80 布面油画 2011
张冬峰 郊南大珠山 60×80 布面油画 2011

张冬峰作
2011.9

张冬峰作
2011.10

张冬峰 白龙海湾 60×80 布面油画 2011
张冬峰 苏州园林 60×80布面油画 2011

张冬峰 那山那水 160×180 布面油画 2011
张冬峰 平遥商铺 65×80 布面油画 2009

张冬峰作
2011.10.23

张冬峰 崇左的蔗田 50×60 布面油画 2010
张冬峰 艺圃 60×80 布面油画 2011

张冬峰 南天门 80×80 布面油画 2011
张冬峰 仰口海岸 60×60 布面油画 2005

张冬峰 泰山 120×80 布面油画 2011
张冬峰 影 60×70 布面油画 2008

张冬峰 德天风景 65×60 布面油画 2009
张冬峰 沂山风景之二 60×70 布面油画 2011

张冬峰 远眺曼哈顿 60×85 布面油画 2010
张冬峰 恒河红 50×60 布面油画 2011
张冬峰 想起一首小诗 160×180 布面油画 2011
张冬峰 大化电站出水口 50×60 布面油画 2010

张冬峰 大化・"情人湾" 50×60 布面油画 2010

张冬峰 轻雾 60×70 布面油画 2011

张冬峰 穿过竹林的歌声 160×180 布面油画 2009

张冬峰 太原·古迹 50×60 布面油画 2009

张冬峰 德天风景之二 65×60 布面油画 2009

张冬峰 秦皇岛・长城 60×80 布面油画 2008

张冬峰 十月 70×50布面油画 2011

张冬峰 小水库 60×60 布面油画 2005
张冬峰 沂山风景 80×80 布面油画 20

张冬峰 松之恋 162×97 布面油画 2007

张冬峰 灵岩寺水库 80×80 布面油画 2011

张冬峰 养马岛白石海岸 70×70 布面油画 2011

张冬峰 明仕风景之二 60×80 布面油画 2009

张冬峰作
2010.1

张冬峰 秋天・蒲庙附近的邕江 50×50 布面油画
张冬峰 山东灵山岛的风景 60×60 布面油画 2011

张冬峰 白石瀑布 70×90 布面油画 2011

张冬峰作
2011.5.23

张冬峰 海韵广场 60×60 布面油画 2011
张冬峰 逆光的竹林 50×50 布面油画 200
张冬峰 农闲时节 70×100 布面油画 2008

张冬峰作

张冬峰 墨松图 160×180 布面油画 2009

张冬峰 狮子林·荷塘 60×80 布面油画 2011

张冬峰 核桃树·十月 50×70 布面油画 2011

张冬峰作
2011.10.9

名家

中国意象油画实力人物之

王 辉

【凤池观察】大气磅礴是山之姿，清新流畅乃水之韵，这是我多年以来对王辉先生风景作品的一直坚持的看法，王辉先生的构图严谨而不乏韵致，对视界里的图景取舍概括总能体现一种铮铮精神，这是时下许多以柔美昏蒙入画的画家画面所明显缺乏的“骨气”，而王辉先生在色彩上也能大胆施敷，每每打破传统陈式，把两种大反差的色彩并置来造成视觉的强烈震撼，也许这不大符合常规的色彩法则，但在它的画面上却能有崭新的视觉感受，显然是对野兽派法国代表人物德兰的色彩理念进行了反复揣摩试验再运用的结果。

油画写意个性的建构

文 / 龚云表

王辉以他在艺术上天真无邪、毫不造作的真诚，以他对生活、对自然深刻而独特的感悟，逐渐从“艺术反映客观”观念的束缚下挣脱解放出来，从现实返回内心，与一种隐藏不见的视觉心理暗示相呼应，营造出一个“非真实”的、属于自己的写意世界。王辉的写意油画，兼具中国传统文人精神和现代意识。我们看到他所控制的画面，既有整体的识度和把握，又有细节的刻画和整合。画面的主体色彩和背景色彩在看似紊乱中被组织得相谐成趣、各得其所；自然色彩又被高度概括、超然物外。在画面上呈现的是长短不一、疏落有致、挥洒自如的笔触和迹象，持续不断的表现造型与色彩交替转换，由此形成了王辉极具个性化的视觉表现，成为他自由自在创作心态的需要和显露，也使观者从中联想到某种文化的经验，以及对于大自然的某种自我的独特体验。在王辉的写意油画作品中，充满了他极具情绪化的笔势，让人感到他从下笔的那一瞬间起，就开始了他对天、对地、对生命所进行的心灵的对话。正是通过这一次又一次的对话，画家的情感得以淋漓尽致、无拘无束的释放和宣泄，心灵受到熨贴温柔的安抚。而创作中的体味和感知则又一次次唤起他直接审美的喜悦。

在王辉的血脉中，涌动着追求自由、返璞归真的基因，与大自然有着天生的缘分。按照他的理解，人的最终归宿即是自然之道，只有远离尘世的喧嚣，回归自然，才能使自己的思维触须逍遥自在地伸展，进入神与物游的境界，获得宽广的襟怀和虚怀若谷的心胸，包容硕大无垠的宇宙，达到天人合一、物我两忘的化境，在与大自然的和谐中找回已经失落多时的精神家园。正是基于这样的

王辉 春天的小道 60×60 布面油画 2008

理解，王辉义无反顾地选择了风景画这一艺术样式，以此来表达他对大自然的无限向往之情，并且在完善、提升这一艺术样式的同时，进而使自己的心灵得到净化。

王辉在他的风景油画创作中，率性而且刻意地在画面上惨淡经营着他的“写”的笔触和迹象，以抒发明朗、宽阔的意兴，营造充满诗意的境界。在他的画面上，笔触和迹象的作用已不再是帮助形的释读，而是淡化形的具体性，以制造朦胧迷离的效果，渲染出画家对大自然的感悟。这是王辉在艺术创作过程中主观性高扬的成功。用苏珊•朗格的话来说，绘画的所作所为便是要营造一个“虚幻空间”，这是画家用笔触和色彩营造出的画面之象的非现实性，这正是艺术的意蕴之所在。从某种意义来说，王辉是个“不守法”的画家。他的风景油画，并不拘泥于透视、明暗、色彩和“真实性”，而是近于偏执地更愿意相信自己的感觉，并且由此出发去追求他心中的大自然，一种“神似”的，“精神化”的大自然。在对于王辉创作的数量众多的风景油画作一番整体检视后不难发现，他在不断地尝试着变换角度，对大自然进行多方位、多层次的观照和剖析，推远拉近，前俯后仰，或高或低，或集中或分散，针对性的对物象作出审美判断，来决定自己的取舍和选择，以充分表现自己对于物象的个性体验。

他的风景油画，并不斤斤于特定时空下结构和空间的常态表象。他或将景物重心置于画面底部，以突出物象的廖廓幽远；或将场景集结于画面中央，以显现出客体的质感和分量。值得一提的是，王辉把中国传统绘画中的散点透视与西方绘画的定点透视融于一体，他不以表现客观物象复杂的透视空间关系为目的，而是突出主观感受，犹如置身于大自然中，游目环瞩，以一种动态的视角，“山形步移”，“以动观景”，表现出大自然更本质、更本色的意蕴。这的确是难能可贵的。

“写意性”既是传统的，又是现代的。将中国博大精深的文化传统中“写意性”的审美情趣纳入当代中国风景油画的艺术创作中去，无疑是一个极具现实意义和学术高度的探索课题。当然，其探索历程并不自今日始，而且至今已有了相当深厚的实践积累和令人瞩目的成果，但是这种探索还远没有终结，前面的路还很长。近年来，有关中国油画“意象性”的学术探讨引起了人们极大的关注，并正在将这一探讨引向深入。中国油画“意象性”这一美学命题的提出，不但为中国油画的“本土化”制定了一个审美层面的“标准”，而且还为中国油画的美学品格竖起了一个“标杆”。尽管“写意性”与“意象性”并不属于同一理论层面，但这二者在美学精神上则是息息相通的。在油画这一外来的绘画形式中建立与中国传统文化传承有血脉联系的文化精神，并且实现与“写意性”相关的意象美学语言体系的建构，正是摆在中国油画家面前的一项重大的课题和使命。仅此一端，也印证了王辉写意性风景油画创作意义的非同寻常。

王辉 大芹山茶园 60×80 布面油画 2011

王辉 蔚蓝的海西(局部) 布面油画 2009
王辉 海岸 80×65 布面油画 2010

常画常新

——读王辉先生作品有感

文 / 戴士和

王辉先生的油画越画越精彩。经常在一起写生的朋友都知道，每隔一段时间王辉先生的作品就有了新的进展，就又上了新一层境界。这样不停顿地发展提高，如果是在青年作者的身上发生当然不足为奇，但如果是出在中年以上的画家，而且是出在早就有了成就有了声望的画家身上就实属罕见。

王辉先生在20世纪70年代中期已经崭露头角，并一直活跃在画坛上，能画能文博览群书。因此，他的阅历和天赋都使得他思想的架构超过一般的同代人，使得他关注的问题也不限于艺术专业的领域。他才思敏锐又勤勉好学，为人谦和。这些都是王辉先生的长处，也是他不断进取的坚实基础。然而除此之外，王辉先生还有更为不同凡响的素质。

通常中年以上的画家虽然积累了宝贵的经验，作品稳妥，办事的成功率高，但也往往会热情不再世故有余。而王辉先生不然，他过人之处，更在于热情不减当年，随时在学习，兴致勃勃，处处关心别人关心大家，操心集体的事情，尽心尽力，没有私心，像一个精力充沛、一脸朝霞的小伙子。

在他的目光里经常透露出青春的火花，这真是许多中年人的眼睛里已经熄灭了的。

几十年的阅历并没有黯淡了他的目光，虽然有很多的思虑，很多的为难，但是在他的目光里我仍旧能够读出他热烈的追求，他真诚的信念。人生坎坷，一路上他却细细收集着美好的东西，哪怕点点滴滴也视若珍宝。他的油画风景从细节的生动到整体的感人，从叙述的具体到抒情的单纯，从景物的刻画到笔墨的经营，他年年写生，处处用心，一路没有停顿地锤炼自己作品的艺术品质。因为他一直还是相信这世上有种好的东西，这艺术里头还是有些真正好的东西，有让人由衷佩服的值得学习的值得敬重和追求的东西。

有这信念的人就活得幸福，就总有梦，有追求有后劲。知之者不如好之者，好之者不如乐之者。艺无止境，这种追求本身就构成了作品的感人之处。相反，所谓的"红尘看破"，自以为聪明，拿蝇营狗苟当作"平常心"，认为举世皆浊自己也不得不浊，转而钻营，不再安心作画，势必黯淡了自己的人生和作品。

感谢王辉先生创作了那么多好作品。愿王辉先生青春常在，艺术常新。

2012年1月28日于京

王辉 乡村溪涧 50×60 布面油画 2011

王辉 农家 65×90 布面油画 2008

王辉 临海的牛郎岗 80×100 布面油画 2011

仁者乐山

文 / 孙建平

在艺术越来越疏离自然，走向概念和虚妄之时，不少艺术家选择了重新回到自然，重新认识自然，重新调整人和自然的关系，重新体悟“天人合一”，意识到人自己也是自然的一部分。这应该是当代风景画艺术的新文化内涵，也是我们能从画家王辉的画中所解读出的不同于一般意义的风景画的明显特征。

王辉是走出都市，奔向山川的“写生画家”。十几年来，他从绿意葱茏的武夷山起步，到荒芜枯黄的西北高原，再到渺无人迹的青藏大山，他的足迹几乎遍布了中华大地。

王辉属于不仅热爱自然，又同时具有文人情怀的画家，艺术天赋和诗学修养使得他不甘心那种镜子似反映自然，他要在他的风景画实践中去实现自己的文心与诗性。我们在他的画中常常发现他有别于他人的独特的观察、描绘和表达的角度，这是他在作品中所呈现的或流露或隐含的有意味的形式的心灵的感应，是审美经验及兴趣修养的综合体现。多年的绘画经历使他已经把画面构成的规律烂熟于心，技巧早已不是他重点考虑的问题了，面对自然时，他只需听凭心灵的指引，沉醉其中，作其乐无穷的自由表达即可。于是我们在他的画面中感受到了其充沛的情感，通过运笔的力度，变成凹凸可触的笔触肌理，其激昂之情被以物的形态固化。他画中的天地，既是人性，又是大道，他的心灵融汇其中。这是天人合一的世界，天人相融便给人以诗性的飞扬。

“雄秀”两个字可以概括王辉画的特点。他的作品既有南方画家所具有的精巧灵秀即松动、随性，又不乏北方画家所具有的那种胸有丘壑、大刀阔斧、泼洒淋漓和气势磅礴；于是在他的画中随机与理性并存 寂寥与温情共在。

也许越是在近乎浮躁的社会中，人们越渴望有一个描述心灵意象的媒介。而这个意象也许是以一种隐秘的方式留存于每个人心底。然而对于人们内在心绪和精神的揭示却是要用思考去把握。每个艺术家都在寻找最贴近自己内心的对应物。王辉发现他越来越喜欢大山。尤其是险峻雄浑、高风绝尘的西北大山。王辉喜欢山。它给人的厚重与沉淀感动了他，仁者乐山、智者乐水。于是他从山中找到了他想表达的契机和愿望。在他最近画的《山》系列中，王辉已经进入了一个出神入化的境界。雾气飘渺，自然与人的心性、感悟、情绪自然而然融地为一体，那是他的内在的激昂活跃的灵性和激荡雄浑的大自然碰撞时“物我两忘”而产生的火花，这是王辉多年久久思索渴望进入的那种“可遇而不可求”的境界，这绝非普普通通地照抄自然，而是一种富有人文情怀的精神性“风景”再现。

我一直相信一句话“有求必得”，作为一个画家必须有追求，目光短浅、追求低下必然作品流俗，你的追求高远，并且能为之苦苦追求，用心经营，锲而不舍，那终究会得到一片属于你的乐土。

王辉 三月桃红 65×80 布面油画 2010

王辉 天与地之一（局部） 布面油画 2011

王辉 吉祥雪域之一 120×150 布面油画 2011

写意王辉

文 / 袁文彬

2002年是有意义的一年，这年秋末王辉成功策划了“武夷印象—中国油画家写生采风活动”。这是一次难忘的南北油画家的聚会，全国各地美院和画院的名家与风景画高手雅集武夷山，登山临水、品茗喝酒、谈画论艺、交流信息、建立感情，十分的惬意和愉快。这次活动的影响颇大，后续效应是引发了随后几年全国各地纷纷举办的油画名家写生邀请活动。虽然性质各有不同，但在全国掀起了不小的风景写生热潮已成为不争的事实。王辉策划组织活动的能力令人称道，他总有许多令人称奇叫绝的新创意。因为多次策划组织活动，他打破了地域局限，和全国各地油画家朋友建立了友谊和联系。更重要的是，他的画风在《武夷印象》之后发生了重要转变。他从早年苏派写实和重制作、硬边谨严的画风转向为松动活泼的写意风格，短短几年，新的艺术样式和绘画风格日臻成熟完善，形成独具一格的个人面貌。他后来应邀参与了十几次的写生活动：“在江南”、“画吟崂山”、“写意平遥”、“热风鼓浪”、“常熟江南”、“金色吉雅河”(俄罗斯)、“发现上海的水城”、“相聚大亚湾”、“香江流彩”…， 单从这些活动的名称就可以知道他的足迹遍布大江南北，英雄豪杰结识无数。2005年末他发起并参与策划了“意象武夷—中德艺术家首次面对面互动创作暨国际巡展”。这次活动规模空前，国内许多名家参与不说，德国就来了不少大师级的人物。这个活动在北京、上海巡展结束，中国艺术家代表团还将应邀赴德国进行回访交流活动。王辉兄画艺精进，成就叠出自然在情理之中。

王辉为人热忱，性情率真，有着闽北人的务实与谦和，也深藏有一种倔强与清傲之气。他1982年毕业于福建师范大学艺术系后，曾回闽北执教多年，坚持创作且成绩颇丰。他还创办并担任南平师专（武夷学院前身）美术系主任多年，于1992年底调回省城福州。我们早些时候就相识并一见如故，同属猴，性情相近，都有猴脾气！王辉颇具文人气质，作为研究员的他写过许多篇研究美术史的文章，对朱子理学、“扬州八怪”之一的华喦、黄慎以及历代闽籍画家做过深入研究，传统学养和文化底蕴可谓深厚。

但是，当一名好画家始终是王辉的人生追求，不论执教或是从业于文博系统，他不断创作的风景油画常常参加全国大展并有一定影响，首届中国油画展中的作品《山灵》就曾被登载在《江苏画刊》、《民族团结》、《奔流》等好几个刊物的封面上，这个时期他的作品主要表现乡村山水风情和探讨风景画中超现实的静寂与诗意。上世纪九十年代中期，作品在第二届中国油画展展出后，王辉又创作了《被惊吓的群羊》（《美术观察》总第22期扉页）和《岁末》（《97’中国艺术大展》）以及《岁末•芦沟桥》（《美术观察》总第36期专题），画面出现了动荡不安的具象表现主义情愫。上世纪末开始，如何突破自己一直是他孜孜探求的目标。他做过多种的尝试，包括制作肌理拼贴材料或在风景中加入电线杆和凌空掠过的战斗机，以表达对生态环境或人类和平这类话题的关注。由于他常年沉湎于中国传统书画的研究，重新感悟和认识中国画论中“直抒胸臆”、“书写其心”、“不拘常格，自由天放”和“以书入画”等绘画理念，于是，他有了与自己心性与文脉接气并贯通后的自信与创新，他融汇中西古今，达到艺术上的自在与自由，“写意性”的选择可谓水到渠成。2002年后，他以《村落》、《农庄》、《山村》等系列作品确立了具有现代构成意味和传统中国文人画精神相结合的写意绘画风格。此后，他又画出了《好山好水》、《明山丽水》、《秦淮残红》、《故宫余辉》等独具个人面貌和富有诗性情怀的重要作品。在造型上，王辉打散或支解了物形结构，将运用的挥洒自如的笔触、疏落有致润糙相间的色块、长短不一的线条进行画面重组，用形似类物的具象造型与现代平面构成融为一体，相谐成趣，意象宽阔，画风健朗。在写生时，他一般不设想画面的最终效果，随着心气笔意依势整形，自然生发。他貌似稚童一般的涂鸦，具有游戏的心态和放松的感觉。他把中国传统绘画中的散点透视与西方表现主义的结构意识相结合，以一种动态的视野，于大自然中游目环瞩，自成心象，表现出大自然更具本质的意象。这种看似偶然而随机的作画方式，其实是建立在自信而有度的控制能力上的。他以这种方式彻底摆脱了早期苏派训练的惯性思维和拘于物象的写生套路，从而使自己的心性得以释放，达到畅神贯气，物我交流的自由境界。王辉兄已步入自己艺术和人生中的黄金时期。

王辉 林芝四月天 60×170 布面油画 2011
王辉 乍浦-之二(局部) 布面油画 2011

王辉 高原雪域之一 60×80 布面油画 2011

王辉艺术简历

1956年生，1982年毕业于福建师范大学艺术系美术专业。现为中国美术家协会会员、中国油画学会理事、福建省画院特聘画家、中国油画家武夷山联谊会常务理事兼秘书长、福建博物院研究员、福建省武夷学院特聘教授。

2011年《纪念辛亥革命一百周年中国油画赴日交流展》暨中国油画家赴日访问(中国人民对外友好协会、中国两岸和平统一促进会、中国中日友好协会、日本中日友好会馆等)

《纪念辛亥革命一百周年中国油画展-孙中山足迹写生作品展》(中国两岸和平统一促进会、黄埔军校同学会、中国现代史学会、中国壁画学会)

《名家画名县-中国当代油画名家米脂采风写生活动》 (中共米脂县委、县政府)

《纪念辛亥革命一百周年中国油画展-辛亥革命英雄肖像作品展》(中国两岸和平统一促进会、黄埔军校同学会、中国现代史学会、中国壁画学会)

《魅力西藏-中国当代油画家作品展》(中国国家画院油画院、西藏自治区党委宣传部)

《魅力西藏-中国当代油画家赴西藏采风写生团》(中共中央统战部、国务院新闻办、西藏自治区党委宣传部、中国国家画院油画院)《艺术家眼中的当代中国-中国油画艺术展》(深圳关山月美术馆) (文化部、深圳市人民政府、中国国家画院、深圳报业集团)

《纪念中国共产党成立九十周年中国油画展》(中国美术馆、中国现代史学会、中国壁画学会)

2010年《此境此情-大陆油画名家写生作品展》暨赴台写生活动(中国美术馆、台北市立美术馆)

《中国油画家-王辉：一路风景》出版(上海人民美术出版社)

《在希望的田野上-中外艺术家蓝田写生及展览活动》(陕西斯班艺术)

纪念中国共产党成立九十周年中国油画名家

王辉 六月山村 130×160 布面油画 2010

内蒙古采风写生团(中共中央党史办等)
全国油画名家浙江古堰画乡写生创作行(浙江省美协、浙江丽水市人民政府)
中国著名油画家烟台小钦岛写生活动
《不动之动-国际著名油画家邀请展》(北京十三陵国际艺术园区)
《印象昌平-国际著名油画家写生展》(北京十三陵国际艺术园区)
《凤山神韵•观音溢彩-中国当代油画名家安溪茶乡巨幅油画写生活动》(安溪铁观音集团书画研究院)
太行山中国油画家联谊会成立暨写生活动(河南省林州市人民政府)
纪念辛亥革命一百周年中国油画名家粤港澳采风写生团(中国和平统一促进会 黄埔军校同学会等)
2009年第十一届全国美术作品展览(湖北武汉)专著《武夷山水与历代画家》出版(福建教育出版社)
华东六省一市小型油画邀请展(山东省图美术馆)漫游三晋-中国当代油画名家赴晋写生团 (山西康培集团 北京康德画廊)
《湘西风采写生团》
2008年中国油画写生作品汇展(中国美术馆)
08'上海春季艺术沙龙
瑞典中国当代油画作品邀请展(斯德哥尔摩)
彩笔绘江山—武当山中国山水画风景油画名家采风写生活动
回望大寨-中国油画名家大寨采风活动(中国油画学会)专著《人文武夷—五夫日记》出版(上海书店出版社)

王辉 天与地之一 160×120 布面油画 2011
王辉 武夷-三姑峰之二 100×100 布面油画 2011

经典海西—改革开放三十年美术文献展(福建省画院)
2007年《人文武夷——中国古村落艺术活动》启动(中国武夷山)
中国油画家访日代表团
《韵生八面——福建省首届写意油画研究展》(福建省画院)
《思绪的印证——中国当代油画名家邀请展》(上海三象画廊)
中国当代油画名家奉化溪口写生活动
《中韩当代油画家邀请展》(宁波美术馆)
《格物有知——中国当代风景油画家邀请展》 (深圳当代艺术沙龙)
《艺术与环境-首届中德文化艺术活动》(中国厦门)
《走进边陲村寨-中国当代油画家赴广西柳州写生活动》(中国广西)
2007年上海艺术博览会
2006年无尽江山-南北方油画家邀请展(中国美术馆)
自然与人-第二届当代中国山水画、油画风景画展精选油画风景画作品全国巡回展
应邀参加德国莱法州国际艺术博览会(德国美茵兹市)
发现上海的水城-中国当代著名油画家朱家角写生活动暨作品展览(上海青浦区)
15+2:《图象与文本》首发式暨中国当代具象油画家小幅作品联展(上海中信泰富广场)
人文江南-中国当代油画家常熟写生活动暨作品展览
06'上海春季艺术沙龙
广东首届中国当代油画名家惠州写生活动暨作品展
意象武夷-中德两国艺术家首次面对面互动创作国际巡回展(北京三尚艺术馆　上海美术馆)
《水乡•印象—中国当代著名油画家采风写生暨展览》(广东顺德)

香江流彩-中国当代著名油画家采风写生活动(中国香港)

《中国三代油画家画鼓浪屿》作品展览(厦门中华儿女美术馆)

2005年意象武夷-中德两国艺术家首次面对面互动创作活动暨首展(中国武夷山)

海峡西岸泉州行-中国油画家写生作品展(泉州画院)

自然与人-第二届当代中国山水画、油画风景画展(中国油画学会　中国美术馆)

写意平遥-中国油画家写生作品展览(北京劳动人民文化宫)

画吟崂山-中国油画家写生作品展览(山东省美术馆)

2004年金色吉雅河-中俄艺术家采风交流写生作品展(上海圣菱画廊　上海艺术博览会)

在江南-中国油画家写生作品展览(杭州印象画廊

上海春季艺术沙龙

中国西部大地情-第二届中国山水画油画风景画展(优秀作品奖)　(广西博物馆)

2003年第三届中国油画精选作品展(中国美术馆)

热风鼓浪-中国油画家写生作品展(厦门国

王辉　大芹山　60×80　布面油画　2011

王辉　红土新绿　120×160　布面油画　2010

王辉　渔舟之一　150×150　布面法画　2005-2011

际会展中心

武夷印象-中国油画家写生作品巡回展(福建省画院、厦门工人文化宫、上海油画雕塑院、山东艺术学院、天津美术学院、中央美术学院美术馆)

2002年纪念"讲话"发表六十周年全国美展(福州画院)

福建省书画家代表团赴埃及南非交流访问

2001年全国闽籍当代艺术家作品邀请展(福建博物院)

福建当代艺术家学术邀请展(福州画院)

2000年福建当代书画晋京展(中国美术馆)

1999年王辉风景油画艺术展(印尼雅加达)

福建省第三届书画节精品展(福州会展中心)

1997年97' 中国艺术大展-当代油画艺术展(上海刘海粟美术馆)

福建省油画大展十佳作品奖(福建省美术家协会)

1996年中国油画风景画展(铜奖)(中国美术馆)

96' 中国油画精品展(香港国际画廊)

中日法当代艺术交流展(福州于山堂)

1995年中国东部油画精品展(马来西亚 新加坡)

1994年第二届中国油画展(中国美术馆)

第八届全国美术作品展览(中国美术馆)

中国现代绘画艺术展(秘鲁国家博物馆)

王辉风景油画展(福州画院)

1992年92' 中国油画艺术展(北京劳动人民文化宫)

1991年中国的四季美术展(铜奖)(中国美术馆日本东京安部牡丹园中国美术馆)

1990年香港中国艺术大展(香港国际画廊)

1988年东六省一市青年美术作品巡回展(福州 杭州 上海 南京 济南 合肥 南昌)

1987年第一届中国油画展(上海展览馆)

1984年第六届全国美术作品展览(辽宁省美术馆)

王辉 居庸关之二 80×80 布面油画 2010
王辉 紫阳楼前的风水林 120×120 布面油画 2010

王辉 太姥山之一 80×100 布面油画 2011
王辉 乍浦-之二 60×80 布面油画 2011

王辉 乡村 80×80 布面油画 2010
王辉 古村之二 100×100 布面油画 2008
王辉 蔚蓝的海西 125×200 布面油画 2009
王辉 鼓浪屿之一 60×70 布面油画 2009

王辉 吉祥雪域之二 150×150 布面油画 2011
王辉 溪流 80×80 布面油画 2010

王辉 静静的山村 120×160 布面油画 2010
王辉 山巅上的祥云 60×70 布面油画 2011

王辉 武夷-三姑峰之一 100×100 布面油画 2011
王辉 东乌草原 120×120 布面油画 2010

王辉 三月武夷 65×80 布面油画 2011
王辉 武夷-慢亭峰 100×120 布面油画 2011

王辉 旧楼 80×80 布面油画 2008
王辉 丽水村野 75×75 布面油画 2010

王辉 文昌春秋 110×120 布面油画 2010
王辉 鼓浪屿的小路 60×70 布面油画 2009

王辉 天与地之二 180×100 布面油画 2011

王辉 夏日渔舟之二 60×60 布面油画 2006

王辉 枫杨林 60×60 布面油画 2006

名家

中国超现实主义实力人物

季宏敏

【凤池观察】季宏敏先生长期受到人们的关注，这主要有两个方面的原因，第一，作为一个艺术创作者，他能不断地进行创新，早期我们见到的他的作品大多是以人物为主，单人或场面的作品都有别具匠心的创意，在写实手法的主流创作中，季宏敏先生赋予作品以超现实的想象与思考并以其睿智的洞察力捕捉人世间熟悉的片景来作为画面关怀的发源，变形与夸张的巧妙运用，增添了画面生动感的同时又提供给读者给大空间思索的可能，第二，正是因为季宏敏这种具有过硬传统功力所展现出的别于大多写实画家作品的特殊魅力，吸引了包括美国友人在内的许多藏买家的眼球，北京保利05秋拍上，《金琥玛米25万成交！为其市场开了个大吉的好头，之后10拍10中，百分百的成交率。而后迅猛突破百万，单件平均也在50万上下，引起来自上海、南京、杭州、重庆、沈阳、合肥、香港以及北京等一线城市的许多藏买家的注意。

存在的追问

——季宏敏在恢弘与崇高中表达的生命美学

文 / 尚辉

现实主义为当代中国油画带来了对于现实社会的人文观照，这些作品大多从底层社会的描写中揭示出当代民众的生活状态与精神风貌。就审美品质而言，这些作品力避奢华、追求本真、崇尚朴素。一些作品对于平凡生活的诗意捕捉，也使得作品具有纯朴、清新、优美、隽永的美感表达。现代主义的油画在中国并没有获得充分的发展。从现有的当代中国油画看，属于现代主义的油画更多的集中在抽象性与表现性领域，对于超现实以及潜意识的探索相对比较薄弱。就中国油画的现代主义特质而言，其审美品质往往强调非理性，并注重这种非理性与传统中国画写意性之间的同构，因而，这种非理性也便呈现出中国画写意性所拥有的优雅与超脱的品质，而很少暴力、粗野、丑陋和叛逆。相对来说，中国文化崇尚中庸，意象观物的方式也促使中国油画偏重于精致、优美、恬淡、素朴、典雅等审美品格的追求与表现，而相对忽略了恢弘与崇高美感类型的塑造与呈现。

季宏敏近些年来创作的油画，尤其是像《远古的呼唤》《远处有一片云》《金色波涛》《逐日》《黑海》和《奔腾不息》等作品，显然不是对于现实生活与现实景观的发掘与再现，尽管他依然使用具象来构织他的画面。他的作品以主观想象性来呈现他的精神空间与精神抽象，以此表达他对于自然与人类、存在与生命关系的深沉思考。那些画面似乎处处描绘的是洪荒宇宙、戈壁大野、海啸石流，没有丝毫的人文痕迹，但恰恰是这种没有人烟的自然现象却时时令人感受到人类的渺小与生命的脆弱。的确，比起宇宙亿万光年的存在，人类历史多么的短暂，个体生命多么的羸弱。或许，这就是人的一种自醒能力，能够意识到自我与生命的存在、享受生活与生命的美好，却又不得不接受历史与生命殒损的过程。在某种意义上，季宏敏的这些作品都是表现人类历史衰亡与个体生命轮回的意象，当衰亡与轮回成为他作品的主题时，那些作品也便具有了极其强烈的悲剧意识。因而，他的画面总是渲染出一种难以抗拒的劫难式的动荡感与全然死灭式的沉寂。惊悸、恐慌、焦虑、震撼、死寂，这些心理感受都成为作者对生命存在的另一种精神体验的探索。

季宏敏 大峡谷 80×100 布面油画 2010

应该说，季宏敏的油画作品表达的是一种超验的生命体验。那些作品通过对于洪荒宇宙与蛮野之地的形象描绘，一方面，探求的是人类的本源意识，讨论的是生命存在的价值；另一方面，则是对幻觉般心理体验与视觉经验的描述与表现，超验性成为作者艺术创作与思想叙述的主题。就前者而言，他描绘的虽然是纯自然的景观特别是那种极端气候中自然环境发生的地理巨变，但这种剥夺了历史与人的存在的自然悲剧，也犹如我们在当代高科技文明中被科技淹没与异化人性一样，不论面对自然还是面对当代高度发达的科技文明，人的存在都再度成为作者提出的一个应该被质疑追问的哲学命题。就后者而言，洪荒宇宙、戈壁大野、海啸石流都成为复现现代文明生活感受的一种心理体验的形象符号，季宏敏绘画的终极意义显然并不在于描绘这些灾难性的地理现象与大宇宙环境的恶劣变化，而在于这些形象能够给人们带来哪些心理感受与体验。从这个意义上，季宏敏的作品具有现代主义艺术的某些鲜明特征，这就是具象描绘所表达的一种非现实世界以及这些具象描绘所能呈现的精神幻象与心理体验，并以此来拷问人类在当代社会的生存延异。

其实，季宏敏那些大宇宙现象的作品是通过生命观照而表达的一种劫难与生存相互转化的哲学理念。他的作品也因这种悲剧意味的追求而呈现出恢弘壮阔、崇高激昂的审美特征。面对他的许多作品，人们仿佛在耳畔再度回荡起贝多芬的《命运交响曲》或冼星海的《黄河大合唱》。如果说贝多芬低沉舒缓、重音叩响的《命运交响曲》，表达的是人们对于坎坷人生、命途多舛的一种抗争命运的心灵之声；那么冼星海气势磅礴、场景恢宏的《黄河大合唱》，则是对一个国家在危难中激发出的民族抗争精神的描绘与抒发。危难，是人类社会或生命个体难以避免的悲剧，但从这种悲剧中也往往能够激发出一个人、一个民族和一个时代激昂向上的奋发精神与不屈斗志。因而悲剧也往往伴生着崇高，大灾难与大劫痛的历史叙述所表达的其实都是一种理想精神的唤起与崇高美感的获得。从这种意义上，季宏敏的艺术表现也试图在自然与历史的悲剧叙述中呈现或放大人类原有的理想精神，在恢弘与崇高的审美表达中探求生命存在的价值与意义。

季宏敏 黄岗-2 160×180 布面油画 1996
季宏敏 大地之脉 200×100 布面油画 2011

众家评说：

季宏敏是个军队画家，我看到的军队画家都是画人物的、画打仗的、画重大题材的，而今天我看到的是风景画，使我对军队画家有了一个新的认识，当然我也看过季宏敏的人物画，有很强的个性，但今天的风景画让人耳目一新，我们不能说风景画就不是重大题材，他的画在油画语言上和很多画家不一样，是自己的东西，像有些国画家的泼墨、自流、吹风等技法不一样，他的画有笔触，有色彩，和那些综合材料的画家也不一样，他的画的肌理，不是很厚，比较流畅，看上去很好看。大气、有质感，有内容，有自己的东西、想法和特点，是一批好画。（《美术观察》杂志主编 李一）

我前段时间搞了个策划叫“自然与现代”，当时还不认识季宏敏，看了季宏敏的画，能看到“自然与现代”、“自然与再造”，中国人对自然的认识和西方的不一样。西方把自然和人是分开的，而中国人则认为人与自然是不可分割的，人是自然的一部分，反映到艺术哲学上，自然观的不同，他所认识的世界就不会相同，二十世纪出现过自然主义绘画，他的自然属性有一种真实的时代的崇高性。我看了季宏敏的画是中国的山水画，还有西方的东西，总体是具象的，但不像西方，也不是中国绘画，但有意义的是，我们看到的是一种自然的精神、自然的哲学，在这里我们讨论的不是要回到传统或西方，就艺术哲学而言，人是自然的一部分、一体的，回到内心，心就是自然的，自然的现代性，中国道家对自然哲学观念的认识不是我们艺术能做到的，哲学界也没有完成，季宏敏的画却有着一种具象意义和一种抽象的认识自然的属性。中国画缺少阳刚，季宏敏的作品具有阳刚美、自然的现代性和崇高性。而我们中国没有完成现代意义的演化。（著名当代艺术策展人 朱其）

季宏敏是一个不安分的画家，他一直在向前走，不管是他的人物画，还是他现在的风景画，最大的特点是具有精神层面的探索，即有别于传统意义的油画，又有中国画的偶发性与写意性的东西，有自己不一样的东西，我们大多艺术家都在寻找自己，找寻那种属于自己的东西，成功者较少，是一件很难的事，但季宏敏似乎找到了属于他自己的东西。最初出现的变法作品我也看过，但现在的作品又进了一大步，有了很多放开的东西，传统与现代的连接，有独创性。从画面的构成与色彩上具有了当代性，自由的构成与自我构建的色彩关系形成了他自己的风格，是一位成功的画家。当然，我们用传统油画的标准去解读季宏敏的画还是有些问题，如在油画的材质上，还有超大的空间处理上，如油画的肌理、油性、厚度等还有空间可研究。但他在似与不似，写实与真实，具象与抽象，传统与当代，自然与非自然的视角空间给人留下深刻而难以忘怀的东西。（画家秦文清）

画家李贵男、孙东等都对季宏敏的画都做了点评，认为其画是自然又超越自然，他把我们带进了梦幻，是油画界的乔布斯；他的自

季宏敏 集会 160×180 布面油画 1994

季宏敏 兑 76×61 布面油画

然与再造，道出了艺术本来就存在的道理；季宏敏在拥抱自然；季宏敏油画作品是一批十足的环保主义作品；油画需要发展，就像中国画限在宣纸上作画，是穷途末路，季宏敏走出了这一步；季宏敏的作品表达的是一种自然的道理。

季宏敏的油画作品表达的是一种超验的生命体验。那些作品通过对于洪荒宇宙与蛮野之地的形象描绘，一方面，探求的是人类的本源意识，讨论的是生命存在的价值；另一方面，则是对幻觉般心理体验与视觉经验的描述与表现，超验性成为作者艺术创作与思想叙述的主题。就前者而言，他描绘的虽然是纯自然的景观特别是那种极端气候中自然环境发生的地理巨变，但这种剥夺了历史与人的存在的自然悲剧，也犹如我们在当代高科技文明中被科技淹没与异化人性一样，不论面对自然还是面对当代高度发达的科技文明，人的存在都再度成为作者提出的一个应该被质疑追问的哲学命题。就后者而言，洪荒宇宙、戈壁大野、海啸石流都成为复现现代文明生活感受的一种心理体验的形象符号，季宏敏绘画的终极意义显然并不在于描绘这些灾难性的地理现象与大宇宙环境的恶劣变化，而在于这些形象能够给人们带来哪些心理感受与体验。从这个意义上，季宏敏的作品具有现代主义艺术的某些鲜明特征，这就是具象描绘所表达的一种非现实世界以及这些具象描绘所能呈现的精神幻象与心理体验，并以此来拷问人类在当代社会的生存延异。（中国美协理事、中国美协理论委员会委员、《美术》杂志执行主编 尚辉）

季宏敏 热地 150×150 布面油画 2011

季宏敏 大河之恋 100×100 布面油画 2011
季宏敏 波罗的海 100×100 布面油画 2011

季宏敏艺术简历

1959年9月生于上海

毕业于解放军艺术学院美术系油画专业

原中国人民解放军第二炮兵政治部专业美术设计师

中国美术家协会会员

中国油画艺术研究中心常务副主席兼秘书长

北京油画雕塑促进会副会长

世纪艺术空间主任兼E11美术馆馆长

季宏敏 吸食大烟者 165×133 布面油画 1997

季宏敏 狂澜 100×100 布面油画 2011
季宏敏 风云 100×100 布面油画 2005
季宏敏 地平线 80×100 布面油画 2011
季宏敏 红河谷 70×95 布面油画 2012

季宏敏 咆哮 90×90 布面油画 2010
季宏敏 黄昏 100×100 布面油画 2011
季宏敏 神曲 40×200 布面油画
季宏敏 龙岭迷雾 40×200 布面油画
季宏敏 云山图 40×200 布面油画
季宏敏 乾 61×76 布面油画

季宏敏 海雨 100×100 布面油画 2011
季宏敏 壶口印象 100×100 布面油画 2011
季宏敏 天堂迷雾 40×200 布面油画
季宏敏 圣山序曲 40×200 布面油画
季宏敏 卧龙山的回声 40×200 布面油画
季宏敏 坤 61×76 布面油画

季宏敏 高原印象 100×100 布面油画 2010
季宏敏 蔚蓝 100×100 布面油画 2011
季宏敏 昼 70×200 布面油画
季宏敏 天国 90×250 布面油画 2011
季宏敏 对话 300×200×2 布面油画 2010

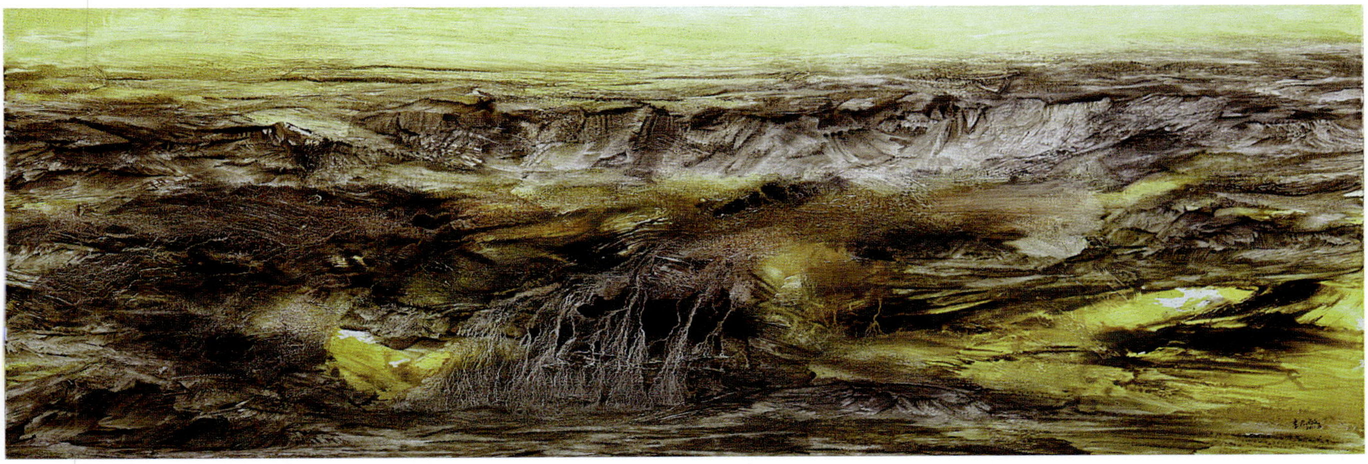

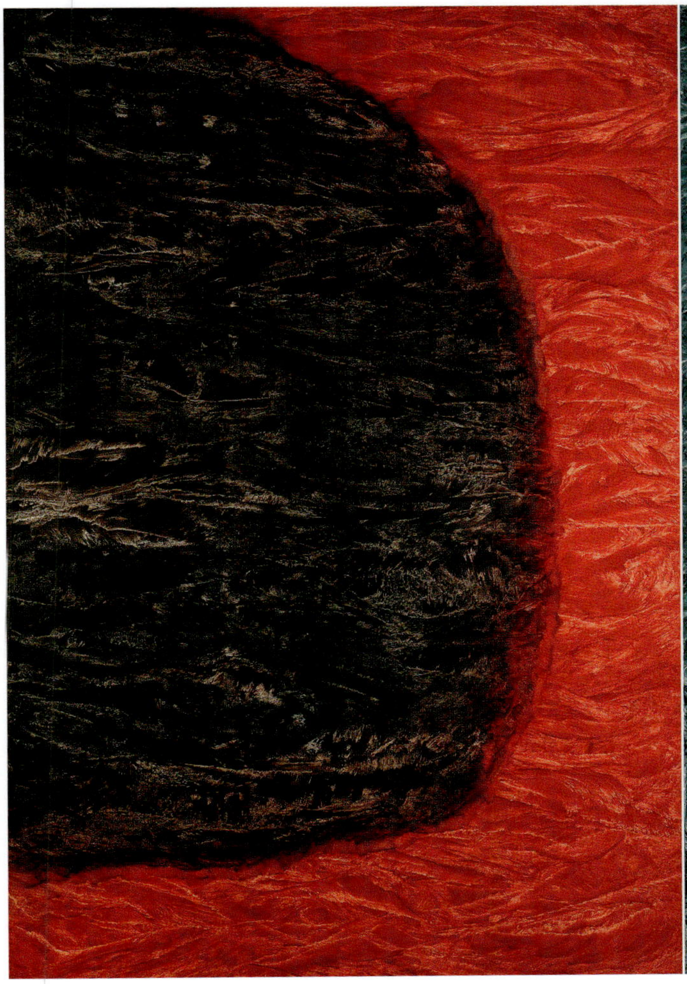

季宏敏 海的声音 150×150 布面油画 2010
季宏敏 红色峡谷 100×100 布面油画 2011

季宏敏 巴颜喀拉山 300×200 布面油画 2012

季宏敏 太阳谷 100×100 布面油画 2011
季宏敏 逝去的文明 100×100 布面油画 20[illegible]

季宏敏 震 61×76 布面油画
季宏敏 坎 61×76 布面油画

季宏敏 奔腾不息 200×100 布面油画 201

季宏敏 海浪 80×150 布面油画 2011

季宏敏 春意盎然 80×150 布面油画 2011

季宏敏 炽热的火山口 150×300 布面油画 201

季宏敏 生命的呼唤之一 150×80 布面油画 20

季宏敏 鎏金 80×150 布面油画 2011

季宏敏 香格里拉的冰山 120×120 布面油画 201

季宏敏 浪卡子 80×100 布面油画 1996
季宏敏 两位老人 100×80 布面油画
季宏敏 生存系列-极地 80×120 布面油画 1994
季宏敏 福音 80×100 布面油画 1994

季宏敏 生存系列-空间 160×180 布面油画 2004
季宏敏 主子 100×80 布面油画 1996

季宏敏 喜马拉雅 200×100 布面油画 2009

季宏敏 颂经路上 180×160 布面油画 19
季宏敏 扎西格日中士 73×73 布面油画 1991
季宏敏 有刀的男子 60×80 布面油画 20

名家

中国现实主义实力人物之

王晓明

【凤池观察】十一届全国美展《我的西藏学生》的入选，江苏省重大题材《拉贝日记》的创作，都可看做是王晓明先生学术上的认可度，特别是在历经疆藏苏多地辗转，人静景多样题材，甚至写实、表现、意象多种风格考验之后，艺术家依然不动摇自己的法度与追求，这在“见异思迁”的当下状态里难能可贵。而这一切始终都有一根清晰的主线将之贯穿，那就是情感。名士也好，平民也好，学生也好，师友也好，画家都能以真切的感受去捕捉其中的“抒写点”，生动细腻，真实自然，完善一位油画创作者的艺术过程。

厚积与薄发

文 / 李蕾

在南京美术馆《盛世金陵-美丽南京》的画展上，再次见到了王晓明的作品，他带来的是油画《我的西藏学生》，并在展览上获得金奖。虽然他曾经获得过很多比此奖更高的奖项，但站在这幅作品前面，我们又一次感受到震撼。

整幅画作凝练结实，富有张力，笔墨精到，一气呵成，尤其那富有生气和张性的力量，足以让人兴奋激动。

这幅作品的题材来自于他周围人的真实生活，画中的艺术形象也有真实的原型；在王晓明创作过程中，我去过现场，看到画中的几位模特，目睹了王晓明用写生方法进行创作的过程。

令人印象深刻的是他在写生时，始终围绕创作的主题对人物形与神以及人物间的关系进行刻画，不被模特的一时状态牵着鼻子走，表现出创作思想的统领性和绘画的主动性。所以，这幅作品才会如此生动，富有感染力，由此，也可看出王晓明对艺术创作中的绘画性的深刻理解以及他深厚的造型功底。

在画展现场，听到有人说"画家选择了一个很感人的题材"。的确，王晓明抓住了身边最感人的事物，但艺术作品决不是事物的一个简单再现，他是艺术家的思想、情感、境界的产物。王晓明说，他想通过这幅画表现人类本身的人性美，发掘积极向上、富于理想的本质。

回顾王晓明的作品，上世纪的八十年代，以《戈壁明珠》、《戈壁新路》为主的作品是表现生机勃勃的戈壁风情；《晚钟》、《嘉峪关》、《暮归》等作品，是以荒漠戈壁为题材，表现"长河落日"的苍茫意境，表达他对

王晓明 晚钟之二 120×120 布面油画 1987

自然的崇拜和对人类自身力量的思索；两千年后，他的雕塑《西部丰碑》、《王震将军》是他作为西部兵团人对屯垦戍边生活的回忆，对那个充满理想而显得有些浪漫色彩的岁月的感叹与赞美。

王晓明作品的艺术形式也是多样，有国画、版画、油画等，九十年代还做过很多装置艺术作品，两千年后以雕塑为多，可谓材料越选越重，这是他性格的选择，也造就了他浑厚的艺术风格。在油画《我的西藏学生》作品中，可以看到他借用各种艺术形式和表现手法的痕迹，同时也让我们感受到他内在的艺术激情。

作为一名画家、雕塑家，王晓明在前进的道路上不断发展和不断突破自己，令人激动。

王晓明 农家院落 50×60 布面油画
王晓明 库勒拜 50×60 布面油画 2009
王晓明 洛丹 40×30 布面油画 2009

在沉睡了数千年的西域荒漠上，军垦战士用辛勤的双手在天山南北开垦出了一片片绿洲，她是兵团人用血与火铸造的一座生命丰碑。在这幅作品中，我以浪漫主义的表现手法和雕塑般的绘画语言，塑造兵团人的形象。以表达我对几代兵团人为建设边疆、巩固边防所付出的青春岁月和生命代价表示的敬意。

王晓明 兵团岁月 180×260 布面油画 2012

王晓明 西部系列 50×60 布面油画
王晓明 西口故道 50×60 布面油画
王晓明 雁门出塞 50×60 布面油画
王晓明 冬韵 85×110 布面油画 2010

自说自画

文 / 王晓明

自幼生长于新疆戈壁，更迷恋大漠风情。大漠戏剧般的风云地貌，雄浑、壮观，苍茫、瑰丽。而生长于荒漠的植物总以扭曲的姿态表现出激昂顽强的活力和张性。这一切景象逐渐成为我的视觉喜好，并深深影响了我的性格与气质，成为日后我喜欢法国油画大师大卫（英雄主义）和德拉克洛瓦（浪漫主义）的艺术风格以及雕塑大师罗丹（现实主义）艺术风格的重要因素。因此，赞美生命力，以诗性的方式表现现实生活，一直是我艺术中的追求。

中国古代绘画理论的"六法论"中追求形神兼备，并通过对神韵的强调表现生命力，至今仍然是中国艺术家们所追求的最高境界。在我的油画中，也喜欢融入中国画的艺术思想对生命力进行描绘，以切近生命力的本质。

我更多喜欢用写生方式进行创作，甚至有时采用中国画的表现手法进行抒写。我认为中国画一气呵成的用笔特点在表现生命的律动和活力上有独特的艺术效果，这种用笔在表现形神兼备的完美程度上常常是可遇不可求的，具有一定的难度，正是这样的难度使我对油画中的笔触与情绪的关系，笔触与材料结合以及多种要素碰撞后所产生的艺术效果和美学意义等进行研究，逐渐让可遇不可求的偶然性走向必然。

无论用什么艺术语言来表现，真诚是最为可贵的，这种真诚是从心里流淌出来的情愫，是一种精神，是内心与自然相互沟通达到和谐秩序的基础。

《再回新疆》创作谈（右页）

新疆是我魂牵梦绕的故乡。

新疆特殊的地理位置，历史上各种宗教、文化形态相互浸润，少数民族不同生活状态形成的异域风情，加上新疆戈壁所展现的雄浑苍茫、大漠孤烟、长河落日的壮美意境，造就了新疆人的大气阳刚、畅快直接、热情奔放的性格！

他们热爱生活，房前屋后栽花种树；他们享受生活，吹拉弹唱能歌善舞。

尽管生存环境条件苛刻，但新疆人对生命中美好的认知和追求从来都没有放弃过。

生命本身的力量是伟大的，用一种很放松的绘画语言和形式表达生活中的爱、自由和对善良、正义、美好的追求，是我在这组油画中想要达到的目的。这种心理状态看似远离追求科技进步的主流社会，实为从回忆、怀旧、怀念中来歌颂、赞美生命本质的光辉，因为她是真实的。

王晓明 右玉古韵 50×60 布面油画

王晓明 西窑阳光 50×60 布面油画

王晓明 远眺杀虎堡 50×60 布面油画

王晓明 卡拉库里湖畔人家 180×120 布面油画 2012

王晓明 江南初秋－池塘鸭嘻 50×60 布面油画 2010

王晓明 江南初秋－田园人家 50×60 布面油画 2010

王晓明 江南初秋－绿野深处 50×60 布面油画 2010

王晓明 和田地毯 180×120 布面油画 2012

王晓明 江南初秋－秋雾迷蒙 50×60 布面油画 2010

王晓明 江南初秋－福林山庄 50×60 布面油画 2010

王晓明 江南初秋－翠湖晨雾 50×60 布面油画 2010

王晓明 哈萨克人家(局部) 50×60 布面油画 20[illegible]

王晓明 秦月汉关 85×110 布面油画 20[illegible]
王晓明 静谧 50×60 布面油画 2009
王晓明 额尔齐斯河 50×60 布面油画 2[illegible]9
王晓明 白桦林深处(局部) 50×60 布面油[illegible] 2009

王晓明艺术简历

1955年出生于新疆石河子。

1979-1985年新疆石油教育学院美术教师。

1990年江苏省美术家协会会员。

主要参展及获奖：

1983年　版画《戈壁新路》入选中国石油职工版画展（中国美术馆）。

1985年　油画《戈壁明珠》获《前进中的中国青年美展》鼓励奖（中国美术馆）。

1987年《王晓明个人油画展》——（南京）。

1987年　油画《晚钟》获江苏青年画展　优秀奖（江苏美术馆）。

2003年新疆石河子周恩来纪念馆大型青铜雕塑《西部丰碑》。

2005年新疆五家渠市王震纪念馆青铜雕塑《王震将军》。

2009年油画《我的西藏学生》获中华人民共和国成立六十周年江苏省美术作品展览优秀奖。

2009年　油画《我的西藏学生》入选第十一届全国美展（湖北省艺术馆）。

2009年新疆北屯市“成吉思汗西征文化主题公园”大型主体青铜雕塑《成吉思汗》。

2011年创作完成“江苏省重大主题美术创作精品工程”油画《拉贝1937.12》。

多幅作品被国内外机构和藏家收藏。

王晓明 赐百年 布面油画 2011

王晓明 我那带花的情人 180×120 布面油画 2012

王晓明　熏衣草　180×120　布面油画　2012

王晓明 喀什姑娘 180×120 布面油画 2012

王晓明 叶城石榴 180×120 布面油画 2012

王晓明 库车姊妹 180×120 布面油画 2012

王晓明 无花果树 180×120 布面油画 2012

《拉贝1937.12》创作谈

1937年日军侵略南京，对南京人民进行惨绝人寰的大屠杀，以拉贝为首的国际友人向南京人伸出援助之手。他们不顾自己安危，联合起来成立南京安全区，尽自己最大努力来保护南京百姓不被杀戮。据后来统计，拉贝及国际友人成立的安全区共保护了二万多南京人。

油画《拉贝1937.12》就是以拉贝和国际友人在南京安全区保护难民的历史事实为创作依据，通过油画艺术形式描绘拉贝和同伴们保护难民进入安全区的情景。对于我来说，创作这幅画的过程是体验那段痛苦历史的过程，沉重而无法回避，但拉贝精神让我感受到黑暗和痛苦年代里的一丝温暖和庄严。拉贝的崇高在于他是一个在异常严峻的条件下无畏地捍卫人类的尊严和生命的大勇者，拉贝的行为已经超越了拉贝本身，他是人类善良、正义、无我、尊严的象征。为了表现这个主题的深刻性，我以浪漫主义常用的象征手法采用了纪念碑式的构图，画面的上部是高耸的拉贝形象，四周是国际友人和避难的同胞。人物相互穿插组合，形成螺旋状的上升节奏和动感的气势。画面主色调以接近黑白的冷红和钢蓝为主，如青铜雕塑的色泽，在透过浓雾硝烟的几缕阳光下，表现以拉贝为首的国际友人向南京人民伸出的援助之手，让人看到生的希望，也使的画面中的悲剧感更为突出，以表现对那段痛苦历史的回望和凝固。

整个画面分别采用厚薄画法对每个人物形象进行深入塑造，对人物内心状态进行充分的刻画。画面中的24个人物形象，每个人物都具有鲜明的象征寓意。拉贝张开双臂，左臂与国际红十字旗帜一起高扬，右臂随着自己的目光接应躲避战火的难民，双臂张开动态呈“+”字状，含有召唤、引导、拥抱、护佑的意思，表现拉贝和国际友人在向饱受危难的南京人民伸出援助之手，也象征国际人道主义组织的红十字旗帜和以拉贝所代表的人道主义精神以及拉贝们的无我、正义、崇高的精神本质，同时也暗示拉贝本人是一位充满悲悯的基督教徒。画面中架扶着受伤难民的女护士，昂着倔强的额头，目光透出悲愤，她是中国人，或许也是安全区的成员，她目睹祖国遭受侵略、人民遭受杀戮，但是她没掉下眼泪，她把仇恨埋在心里。今天，她正用柔弱的肩膀承担着救护伤员的重任，明天她可能就会以弱小的身躯投入到保家卫国的抗日战火中去。更多投奔到安全区的妇女儿童和受伤的民众，他们悲恸惊恐的表情和身姿，表现出他们经受的苦难和血腥屠杀，以此鞭挞日本侵略者的残忍恶行。同时，通过表现一位依偎在拉贝身边的小女孩，体现拉贝在南京大屠杀期间成立的安全区对保护南京人民起到的重要作用。画面左边，一位失去了丈夫、家人的妇女，面向拉贝，勇敢地举起了她唯一的儿子。塑造这样的形象，是想表达天下母亲所共有的愿望要和平，不要战争！与拉贝的善良，无我、正义、崇高的人道主义精神产生呼应，象征人们捍卫和平的决心。

王晓明　拉贝1937.12　220×208　布面油画　201[illegible]

王晓明 贡觉白姆 50×40 布面油画
王晓明 我的西藏学生（局部）布面油画

王晓明 我的西藏学生 150×150 布面油画 2□9

潜力

最具升值潜力的实力派艺术家

李文东

【凤池观察】用绝对真实的手法来描绘抒写对象，细腻的笔触不放过每一条皱纹、每一块色斑、每一根鼓胀的青筋、每一个凸起的骨节，每一个不同心理后变化的肢体以及每一个岁月洗礼的征象，李文东的技法精湛，更因年轻而精湛得可贵；刻画入微，也因专注而入微得值。岁月带来的无情衰老，人为带来的无奈纠结，世情带来的无端烦乱，自然带来的无法解脱，等等，都在一个人的内心生发了状态，艺术家关注的正是对这个状态的解读与呈现，尽管他的画面不令人视觉愉悦，但它所传达出来的震撼却有超强的穿透力，观者动容，读者动心，强烈的人性表现力是李文东作品最为显著的特色，它的意义绝非那些表象之上的娇态美眉或腴态美体的画家们所能望其项背。文东，必成大器。

我为什么要这样画画

文 / 李文东

这么多年来画画一直是我最主要的工作，因此我想先说说为什么我要这样画画。尽管我是学院的科班出身，但画画对我来说并不是顺理成章的事。

在图像日益廉价泛滥的今天，对我来说画画需要一个理由，朴素的说“我喜欢”并不能说服我，因为看书、旅游、看电影甚至扯淡我都喜欢，我需要的是一个让我把画画当成安身立命之事的理由，否则和老年大学画金鱼的大爷大妈没什么区别。研究生时下乡的经历让我有了很多和以往城市生活不同的感受，于是我每年去西北或是藏区拍照片来延续一百年前的自然主义绘画，就是勒帕热和莱尔米特那帮人，也可以叫乡村题材的风俗画。一直到05年看了侯登科的摄影，我再也画不下去了，那是真正能让人落泪的东西，用油画笔画照片我永远达不到哪怕他的十分之一的高度，而在此之前我是想要表达那种情感的。05年在上海我看了某著名画家的画展，我必须承认我被那么多的具体鲜活的形象震住了，这是我在其他类似展览里没见过的，但我也十分不满足他仅仅刻画出那些形象的社会属性，这是一个农村的闲汉或那是一个勤快的大婶，他始终没能把这些芜杂的形象提升到更高的“人”的概念中去，这不能不说是个遗憾。但在图片泛滥的时代，这个展览让我深深地感到了画家眼睛真真切切看对象时的快感，于是06年我决定开始画写生，并且以后只画写生，因为写生带来的观察对象的快感对我来说成了绘画存在的一个理由。

经过几年的美院扩招，催生了大大小小无数画室，也聚集了很多进城做模特的农民，多数是老年人，残疾人，间或有些无劳动能力或不愿做农活的壮年。这些廉价的劳动力也提供了我写生的素材。06到09将近四年，我除了美院的课和考前班的课就都在画室里画他们，这些不农不工不商的边缘人；和他们聊天，从他们口中我了解了另一个世界，了解了和我们教科书上不同的历史，只可惜我没有把这些谈话录下来，从某种角度说那并不比我画画的意义小，但我毕竟是个画画的。画这些边缘人总是被误解为关注弱势群体，我常常辩白我和那些全国美展中画民工的真的不一样，可是除了他们获奖我没选上这个事实之外，我的解释基本没什么作用。我早已经放弃了自然主义批判性的立场，因为我不相信画画能使社会有什么改变。那几年，弗洛伊德成了我学习的对象，他的画在语言上给了我极大的帮助，甚至引导我重新看待和理解文艺复兴的诸多大师，在弗洛伊德的影响下，对着模特我画了一批室内的写生，这批画使我饱受诟病，批评大致两种：第一种主要是不好看，体会不到美，没有境界，专业一点的会指出只是对弗洛伊德的模仿，没有自己的东西。对于前者我并不十分在意，他们只不过混淆了画中人的美丑与画的美丑的关系，以及对于今天传统状态丧失的现状的无限怀念。后者不同，理由充分得使我很苦恼，我甚至无法证明我作为一个画家的独立的个性与风格。一年的时间我都在看书看画以及思考这些问题，最终问题集中到我是谁，我需要什么和我能做什么？思考清楚这些，几乎涵盖了我生活经历的全部。我发现了自己画面中很多含混不清的东西，但其中大多有我关注的人的孤独、人的尊严、和人的坚持，如果说艺术是生活的反映，这些就是我的生活反映到画面中的，想到这，接下来要做的就相对明确些——如何使这些在我的画面中明确展现。至于语言，我倒有些释然，假以时日我真的能将我的这些感受明确的表达出来，还在乎像谁或不像谁吗？

画画是个综合的东西，包含技术、观念、传承、创新……太多太多，画画不是讲道理，再高明的道理不在画面中展现也只是一句空话。这些画是我这几年来的主要工作成果，说实话，并不能让人满意，正因为如此我感到我仍有潜力，还可以进步，这也是我继续努力工作的动力吧。

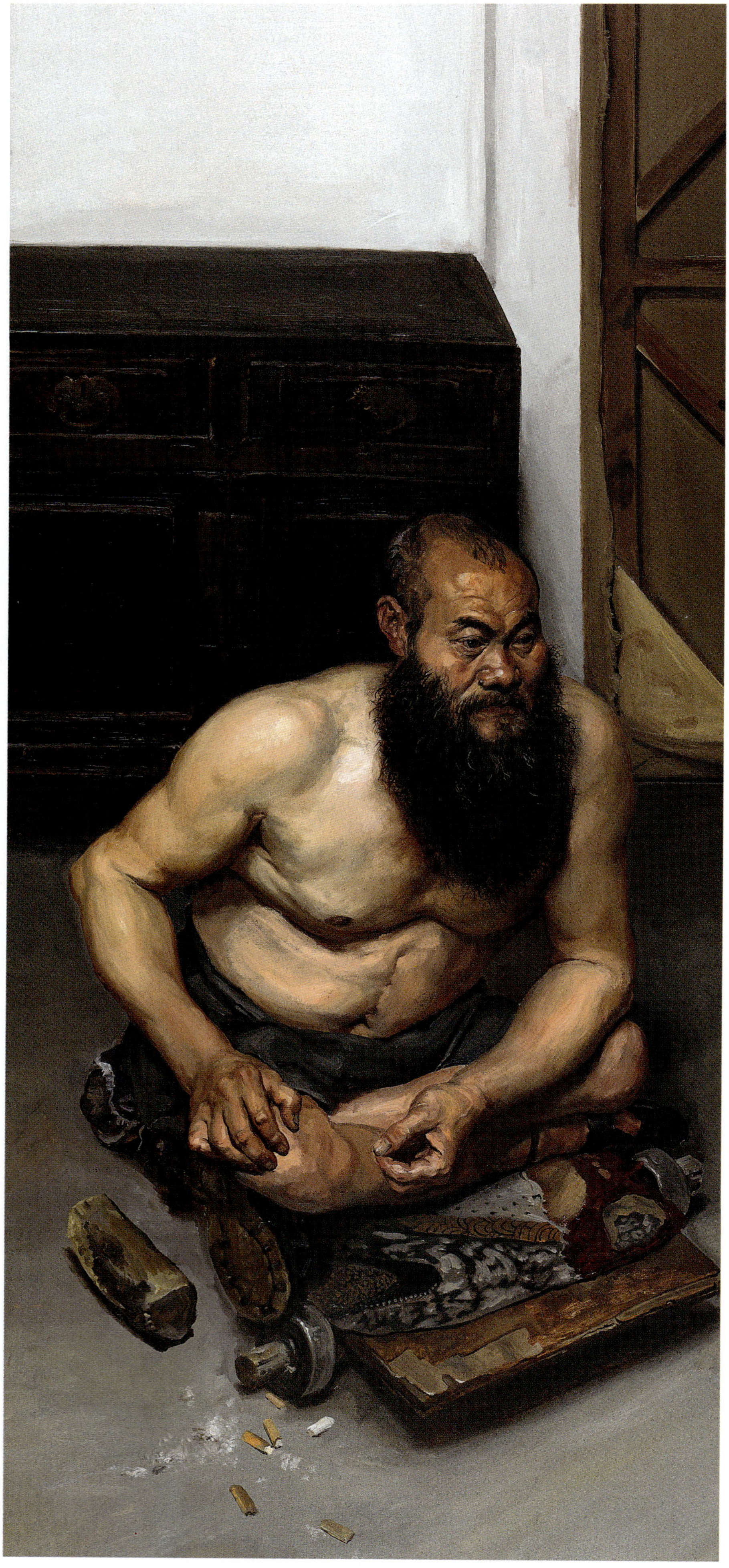

李文东 老张 180×67 布面油画 2008

李文东 老张2 160×110 布面油画 2007

李文东艺术简历

1973年7月生于辽宁省沈阳市。

1997年毕业于中国美术学院油画系,获学士学位。

2002年毕业于中央美术学院油画系,获硕士学位。

现任教与中国美院公共艺术学院壁画系。

2002年9月参加《人与自然绘画作品展》(浙江博物馆)并获金奖。

2003年10月参加《探索前瞻浙江油画展》(杭州西湖美术馆)。

2004年7月参加《浙江省第十一届美术作品展》(浙江展览馆)。

2005年11月参加《月映浙潮浙江油画展》(宁波美术馆)并获金奖。

2006年9月参加《新改良2006学术邀请展》(广东美术馆)。

2006年11月参加《形形色色浙江青年油画家邀请展》(浙江展览馆)并获学术奖。

2007年3月参加《第三眼.中国美院油画邀请展》(杭州神畅画廊)。

2007年9月参加《独乐.众乐中国美术学院公共艺术创作与研究展》(日本东京中日友好会馆).

2007年11月参加《观物.中央美院,中国美院,广州美院青年教师风景写生展》(广东美术馆)。

2007年12月参加《融合与创造2007中国油画名家学术邀请展》(北京首都博物馆).

2008年5月参加《中国油画写生汇展》(北京中国美术馆)

2010年11月参加《油画艺术与当代社会》(北京中国美术馆)

2011年4月参加《挖掘发现。中国油画新人展》(中国油画院美术馆)获三等奖

2011年11月参加《人文江南——吾土吾民油画邀请展》(浙江省美术馆)

李文东 横陈 155×180 布面油画 2006

李文东 两个人 180×200 布面油画 2012
李文东 孤独的内容 180×200 布面油画 2010
李文东 孤独的内容（局部）布面油画 2010

李文东 白日梦 180×200 布面油画 2009
李文东 哈尔滨 80×60 布面油画 2007
李文东 老张3 160×120 布面油画 2008

李文东 老马 120×100 布面油画 2007
李文东 固执的形式 180×155 布面油画 2007
李文东 固执的形式 布面油画（局部）2007

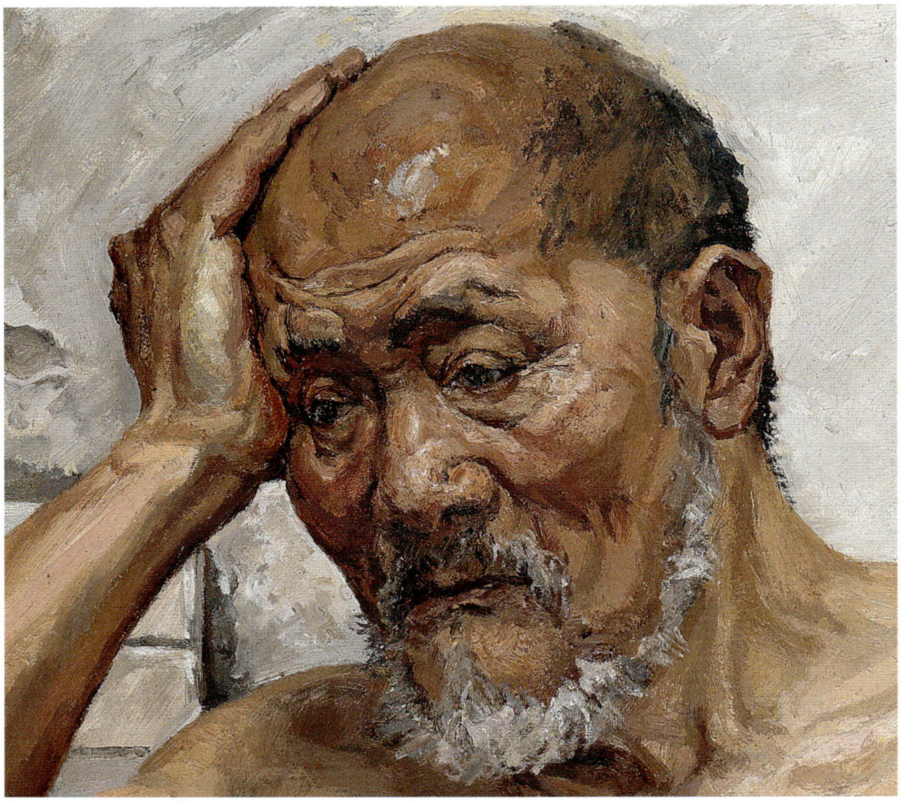

李文东 葫芦头 布面油画(局部) 20

李文东 老妇人 80×60 布面油画 20

李文东 葫芦头 90×70 布面油画 20

李文东 病人 80×60 布面油画 2006
李文东 假寐的人 80×60 布面油画 2009
李文东 病人 布面油画(局部) 2006

李文东 老王 布面油画（局部） 2007

李文东 老王 160×120 布面油画 2007

李文东 沉默者 180×200 布面油画 2010

李文东 双人体 布面油画（局部） 2008
李文东 云南人 160×200 布面油画 2012
李文东 双人体 180×150 布面油画 2008

李文东 环眼 200×150 布面油画 2008

李文东 睡着的老人 170×110 布面油画 2010

李文东 雨人 190×120 布面油画 2010

李文东 失眠者 179×120 布面油画 2011

李文东 股骨头坏死 170×100 布面油画 2011
李文东 标本 110×90 布面油画 2008

潜力

最具升值潜力的实力派艺术家

洪浩昌

【凤池观察】克莱因之蓝高纯而独到，一骑绝尘，饮誉艺坛；德兰之重色并置，相克为容，一芳独秀；帕特里克还原单纯强烈，在画面中留下不可被打扰的纯真之美；蒙特里安洗尽铅华，简洁朴素，以构成凸显意美；莫兰迪以形式为画，极简而气华，这些大师的经营之法在浩昌的画面上似乎都有其影，但仔细品味起来却实在不同：一幅绘画作品怎么会展现出如此强烈的无论是时间还是空间凝止的氛围，是因为奇特的构图，还是异常洗脸的色调？画面空荡荡的沉寂本身就是画作的意义所在，画家不寻常的大面色块来平衡画面，以强烈的饱和度使色彩搭配甚至达到了不舒服的程度，分明的界限完全抹杀了人类活动的痕迹，仿佛是外来世界的文明遗迹，看得出来画家是想建立自己的纯净空间而让观众在这个空间里搜寻到各自的宁静与幽谧。想象和神秘构成了浩昌绘画明显而稳定的特色并因此在目下琳琅满目的画面中脱颖而出——一骑绝尘！

弥久常新的风景

——观洪浩昌“景观北京”后

文 / 高岭

有人说自然之美在于人的存在和发现，也有人说自然之美不以人的存在而存在。可问题在于，没有了人的存在，自然的那种被人称为“美”的属性还叫“美”吗？也许应该叫“X”了。不同时代的人甚至一个人的不同时期，对待自然的态度是有所差别的。当人们用一种带有感情的方式来认识和理解自然的时候，自然就有了一个新的名称——“风景”；而人们的这种认识和理解自然的方式也有了一个新的名称——“观察方式”。显然，无论是“风景”还是“观察方式”，都要以人的视觉为基础，而视觉艺术家的工作便是把自己观察自然（风景）的认识（观察）方式，用物质化的视觉符号呈现出来。这种视觉符号便是“风景画”。

洪浩昌就是这样一位“风景”画家，他用他手中的画刀和颜料来表现他所理解和观察到的自然（风景）。由于我们所生活的这个星球的陆地大部分地方都充满了人类活动的痕迹，所以能够成为风景画的对象大多也就脱离不了人类的建筑。在洪浩昌的作品里带有不同地域和时代特征的建筑以及由此产生的空间感受和心理体验，成了他的主要对象。无论是红土高原的明亮色彩，江南水乡的清丽静雅，还是首都北京的气宇恢弘，都是他生长、求学和创作的迁徙活动的旅痕所得。在他最近的以首都北京标志性公共建筑为主题的作品中，他把自己一以贯之的大块面色彩刮涂和急促有力的轮廓勾勒，充分地发挥出来。那些被拉宽、推远的公共建筑，在宽广的空间中时而高大突兀，时而又静若止水，然而它们却被海内外纷至沓来

洪浩昌 寂寞的根艺 80×80 布面油画 2011

的各色人等充斥着、裹挟着，雍容华贵中透露着众望所归的皇城气派。这气派来源于人的拥挤，众多的人茫然地在具有崇高感的"建筑"间穿梭。这建筑其实代表了人类对于权力、梦想和至高无上的权威力量的认识。在今天的游人中，或许少了那份置权威于头顶的卑微心理，但艺术家把这么多人安置于这样的建筑群中，又不得不让人在这样的"风景"中"驻足"。因为艺术家把这一特殊的"景观"延伸到了社会学的范畴，作为世界上的第一人口大国，一个制定了如此严厉的人口政策的国家，这种代表了传统的"神权"遇到了如此"人口状态"的当代中国，这种"历史"与"现实"的重叠，正好又被艺术家用传统视觉的基础来"现代化"。这两种并置的重叠（一个是物象的，另一个是视觉基因的），不能不说是当代艺术的又一"景观"。

这样的艺术品或许只是纷繁艺术生态的一种，但它明显带有"中国基因"的视觉烙印的特征给了我们又一思考的理由：那些在带有强烈民族传统的"阵地"上大呼小叫的视觉的传承学者们，那些张牙舞爪的"当代艺术"家们，是不是该停下来看看这样的"风景"（或景观）。

有趣的还有艺术家对于北京风景的色彩表达。他用高明度和纯度的色彩块面来表现城市的景观，仿佛这里的气候如艺术家家乡那样明亮

洪浩昌 秋水午暖 90×60 布面油画 201_

和纯净。显然，这并不总是北京的真实情况。地处华北平原的北部，紧邻内蒙古草原和荒漠，这里的天空总是有着令人头疼的尘土。除了这种地理上的特征之外，作为许多朝代的首都，北京的文化历史背景也有着不同时代不同人的种种理解和观察角度。就视觉艺术而言，北京的标志性公共建筑多年来早已成为许多艺术家反复描绘和表现的对象和题材了。可是洪浩昌仍然要画，他不想单纯去挖掘和表达这个古都丰富但又沉重的历史，无论是从歌颂还是从批判的角度。他要用色彩、块面还有那充满激情的刀痕，来刻画出一个个在画布上自足而富有表现力的视觉形象，它们不再是现实风景的再现，而是艺术家初到北京时的印象，一种带有明显嘹亮的高原色彩和广阔的大地意识的印象。

于是，带有文化历史痕迹的建筑和城市空间，就这样被艺术家抽离为一种纯粹视觉表达的对象，它们简单、明了又阳光灿烂，一如艺术家自己那颗透明清澈的心。富有历史和文化，甚至还带有不同社会制度和意识形态烙印的风景，就这样被艺术家又一次以自己的方式赋予了新的景象和诠释。这不能不说是艺术家的创造价值所在。它使我们联想到物是人非的自然规律，更使我们意识到人是物非的必然性。

“古为今用”——集体智慧与个人才情融为一体，再将其扔到中国的二十一世纪的“风景”里，这正是洪浩昌的“景观北京”系列作品为我们当代艺术带来的弥久常新的“风景”。

洪浩昌　维也纳皇宫　40×80　布面油画　2011
洪浩昌　凌子口　80×160　布面油画　2011

静穆与飞扬

——洪浩昌画境初窥

文 /徐学

那年,我骑着马正向新疆雪山仰望,远处突然飘来高亢的女声,明丽而自在,一阵混合着痛楚的愉悦让我在马背上颤栗不已,让我多年后都还记得这一幕:透明的蓝天,飘逸的白云朵,清凉的空气里有植被嫩芽的清新香味,这一切都因为那歌声而流动,而变幻,让你一下堕入情感的漩涡。

在全无预想的情状,忽然被美所击倒,这样的经验又一次降临——毫无预知地在画廊里看到了浩昌的画,心中再次响起歌声,胸口沉重的枷锁轰然崩落,心如同被大炮射出的空中飞人,飞向苍翠无尽的天际……

我就这样见到了浩昌,我们一开始又谈到音乐,他说极喜欢莫扎特.诚然,在他的画里也流荡着《安魂曲》般的旋律,是圣洁灵魂的陈述,静穆单纯,兼有国乐的清雅,民谣的纯真,如同沈从文在《云南看云》里描述过的高原云朵。它又是飞扬的,有西方古典的宏富,摇滚的奔放,爵士的即兴自如,甚至一些中东和印度的妖艳迷幻……

雪山下的歌声出自一位边疆的少女,那是未曾污染的天籁,而浩昌是一位生活在都市里受过正规美术教育的职业画家,在这样的环境里,他的灵性为何还能如此鲜活,在人际冷漠的都市,在批量生产的“艺术教育”,在艺术市场化和夸张怪诞的艺术评论的侵蚀下,他如何依然透露出一种清旷秀峭的意韵?

我在与他的交流中找到了答案。

他在云南的高原上长大,高原上美丽而纯净的色彩使他构筑了雄厚坚实的审美眼光,而山民

洪浩昌 园林No. 106 60×50 布面油画 2008
洪浩昌 山水间 100×100 布面油画 2010

坚忍不拔的生活环境也铸就了强大的人格力量，这使他能让自我和灵性百病莫侵。

他的灵性由两方面交融而成——充沛的感性和清明的理性。

他充沛的感性如高原之风，从高处俯视并往下狂奔，以它野性的不可思议的力量。这充沛的自我，真力弥满，似乎要舞动一切，表现在画面上，是大开大阖的笔墨和色彩，几乎是意到笔到甚至是神来之笔，在他的笔下，水是喧哗流动的，云是飘飘舒卷的，花是蓬勃燃烧的，连山岭和房屋也都生机勃勃，随着情感波澜起伏跃动。

他清明的理性能够驾御狂暴如脱缰之马的心理情绪和感官经验，把它们提炼、综合、纳入一种有意味的形式中去，他把画面安排得如此妥帖，万类竞自由的大自然乍然变得温暖而宁静。

他是古典的，宋元画境中的生动气韵是他在创作中孜孜以求的，即使在饱满的时候，他依然是有节制的，总不愿一泻无遗。

他又是现代的，不画梅兰竹菊、残山枯水、小舟渔樵，而是月季、玉兰、万家灯火、市镇新城，他以刀调出各种美妙的色彩，组合成明快而温暖的画面。这明快并不等于轮廓的清晰明确和细节的实在逼真，浩昌有准确的写生本领，但并不愿忠实地复现或复制具体事物，他更愿意用心灵之眼去捕捉笔下之物的内在精神（形状、色彩、运动），把他们抽象化个性化。

所以，他的画虽然在色彩、题材、构图上变化多端，难于概括，但每一幅都是一个动力结构，一个个具体视觉被抽象化，成为个性盎然的具有动力特征的美感结构。

所以，初看他的画，你会觉得宁静悦目，再看几眼，你就会发现流动的韵律从画面贯注到你的肌肤血脉，这韵律不是紧绷的对立和抗衡，而是生生不息的徘徊、流连、周旋……它还会随着你的情绪奇妙地自我重塑，你振作它雄浑，你宁静它温存，你伤感它忧……河流、山峦、花木、屋宇、烟光、云影，所有的景物都开始与你作心神交融地恳谈，它使你一下子看到了久藏心底的那些被尘俗被岁月被贪欲遮蔽和淹没了的美丽感受，于是，你就被他的静穆与飞扬席卷而去，快乐地升腾。

洪浩昌 春心荡漾No.7 150×200 布面油画 2009

洪浩昌艺术简历

1973年生于云南昭通
1999年毕业于中国美术学院
现为职业艺术家，生活于北京、无锡、昭通

洪浩昌是七零后中国油画民族化的重要代表性艺术家，作品具有浓厚的“东方、东亚情结”。四百余幅作品被美、日、法、瑞典、加拿大、意大利、新加坡、香港、台湾等国内外艺术博物馆、画廊、私人收藏。

个展：

2002年，“春•梦•呓”-洪浩昌油画展（杭州世纪艺术馆）
洪浩昌绘画作品展（无锡博物馆）
2004年，上海春季艺术沙龙（上海国际展览中心）
2005年，洪浩昌油画精品展（浙江展览馆）
“春•梦•呓”-洪浩昌油画展（上海顶层画廊）
洪浩昌油画精品展（浙江国际贸易中心）
广州国际艺术博览会（广州展览中心）
2006年，洪浩昌的色彩世界（上海国际展览中心）
“第十田园”-洪浩昌个人画展（厦门翔鹭大酒店宏宝斋画廊）
“景观北京”-洪浩昌油画展（北京798艺术区中方角画廊）
“第十田园”-洪浩昌油画展（北京798艺术区青藤子艺术空间）
2007年，“花儿-青春的寂寞”-洪浩昌油画展（北京798艺术区青藤子艺术空间）
“从园林到园林”-洪浩昌油画展（苏州清源画廊）
“呓•春”-洪浩昌油画展（北京798艺术区青藤子艺术空间）
“景观北京”-洪浩昌油画展（北京798艺术区千年时间画廊）
参加中国艺术博览会，并荣获金奖（北京国际展览中心）

洪浩昌 春心荡漾No. 5 150×200 布面油画 2009

洪浩昌油画作品展（北京红子兰画廊）
第二届黑龙江国际文化艺术产业博览会（哈尔滨会展中心）
2008年，“当代&传统”-洪浩昌油画展（北京汲古阁）
“平静的燃烧”-洪浩昌油画展（北京798艺术区K空间）
“本土的阳光”-洪浩昌油画展（苏州清源画廊）
“本色•本土”-洪浩昌油画展（北京798艺术区千年时间画廊）
洪浩昌油画展（牡丹江书画院）
“一个人的风景”-洪浩昌油画展（北京红子兰画廊）
第三届黑龙江国际文化艺术产业博览会（哈尔滨会展中心）
2009年，“春心荡漾”-洪浩昌油画展（北京798艺术区宏艺术中心）
“洪境”-洪浩昌个展（北京798艺术区幻艺术空间）
洪浩昌园林油画展（苏州浩昌画廊）
“美丽鹭岛”-洪浩昌油画展（厦门宏宝斋）
“马刺花”-洪浩昌油画作品展（北京红子兰画廊）
2010年，三月江南-洪浩昌新作展（苏州浩昌画廊）
浩昌的景观-油画作品展（北京红子兰画廊）
洪浩昌园林作品展（北京三宝轩展示中心）
2011年，春天里-洪浩昌云南作品展（北京红子兰画廊）

联展：
2000年，“在路上”-六人雕塑油画展（中国美院画廊）
2001年，“爱的音符”-五人纸上作品展（无锡锦江大酒店）
2004年，“一个西湖和十个艺术家的故事”-文献展作品展（杭州、南京、上海等地）
2005年，参加“江浙沪新锐画家邀请展”（上海）
参加21世纪中国艺术家巡回展（上海）
2006年，“吃ING”-当代行为艺术群展（北京香格里拉摄影棚）
“新叙事”-六位职业艺术家油画展（北京798艺术区千年时间画廊）
2007年，“第六种姿态”-油画雕塑展（北京798艺术区青藤子艺术空间）
参加“江南名家精品展”（苏州独墅湖图书馆）
参加“中国当代名家艺术作品展”（北京中国艺术家空间）
参加香港Du Monde画廊联展（香港）
2008年，“热土”-百名艺术家联展（北京一号地国际艺术区）
2009年，参加杨培江、洪浩昌油画展（上海汉臻艺术空间）
参加冉珏、汤松、杨培江、洪浩昌油画作品联展（北京嘉禾拍卖公司）
中国当代油画-建国六十周年香港学术邀请展（香港展览中心）
参加香港世界画廊联展（香港）

“宏境雅集”-中国当代艺术学术邀请展（北京798艺术区宏艺术中心）
“我能相信”-中国当代邀请展（北京繁星美术馆）
印•象-当代中国艺术家十人展（北京时代美术馆）
2009中国国际青年艺术周青年艺术精英奖获奖作品展（北京时代美术馆）
意识•印迹-中国艺术家联展（北京东方之光艺术中心）
2010年，方寸之间-首届中韩当代艺术小幅油画展（北京东方之光艺术中心）
中国气韵当代之路-中国近现代近当代艺术展（北京观音堂美术馆）
世纪金秋-名家绘画精品展（山东烟台画院陈列馆）
2011年，滇东北的春天-滇东北籍油画家故乡行写生展（云南曲靖问草斋）
出版：
《洪浩昌画集》
《二月画坊/雅集•洪浩昌卷》
《刀与油彩——浩昌近作》
《洪浩昌色彩世界》
《景观北京——洪浩昌系列作品集》
《洪浩昌的园林》
《洪浩昌作品集》
《印象•洪浩昌卷》
《油画大家》
《洪浩昌油画作品集》

洪浩昌 园林No.4 100×200 布面油画 2008
洪浩昌 曼妙的记忆2 80×160 布面油画 2011

洪浩昌 园林No. 102 60×80 布面油画 2008
洪浩昌 山水间No. 27 80×60 布面油画 2007
洪浩昌 高原 200×150 布面油画 2010

洪浩昌 春心荡漾No. 6 150×200 布面油画 [illegible]
洪浩昌 溪边 80×60 布面油画 2011
洪浩昌 跟樱花有关的出走 200×150 布面油[illegible] 20[illegible]

洪浩昌 酒后睡在毛栗子树下的诗人 60×80 布面油画 2011
洪浩昌 山水间No. 28 80×60 布面油画 2007
洪浩昌 天地间茫然行走的诗人 200×150 布面油画 2011

洪浩昌 好了 150×200 布面油画 2009

洪浩昌 高高的马刺花 200×150 布面油画 20[illegible]

洪浩昌 山水间No. 8 100×80 布面油画 [illegible]

洪浩昌 秋雨后的向日葵 60×90 布面油画 201
洪浩昌 茄子的舞蹈 60×80 布面油画 20
洪浩昌 秋日午后3 60×90 布面油画 20
洪浩昌 孤寂的时光2 200×150 布面油画 2012

洪浩昌 苗寨的维纳斯 60×90 布面油画 2011
洪浩昌 豆子花下的忧伤 60×90 布面油画 2011
洪浩昌 中国园林3 60×80 布面油画 2011

洪浩昌 五婶家 60×90 布面油画 2011
洪浩昌 园林No.123 165×220 布面油画 2008

洪浩昌 那一夜 100×150 布面油画 2010
洪浩昌 第十田园No. 7 180×20×4 布面油画
洪浩昌 园林No. 92 40×80 布面油画 200[illegible]
洪浩昌 苏家院小景 80×160 布面油画 2011
洪浩昌 曼妙的记忆1 80×160 布面油画 2011

2011

洪浩昌 第十田园No. 51 100×40×3 布面油画 2008
洪浩昌 园林No. 122 150×120 布面油画 2008

洪浩昌 南河村口 73×135 布面油画 2011
洪浩昌 苏州小巷 82×165 布面油画 2011
洪浩昌 还没回家的人 100×200 布面油画 2011

2011 HAOZHANG

2011 HAOZHANG

潜力

最具升值潜力的实力派艺术家

陈天强

【凤池观察】没有像伦勃朗、鲁本斯和或委拉斯贵次这些大师们华丽高贵的细腻笔触，没有像王沂东、郭润文、杨飞云这些市场大腕们青春靓丽的唯美面目，也没有像赵无极、朱德群、尚扬这些大家们飞扬万丈、一泻千里的磅礴气势，陈天强先生选择了“小”，悉心构制成“小”幅玲珑，真情平凡在市井“小”人，率意琴心为“小”题“小”景，方寸之间可见天地，本为中国篆刻之意趣，但在天强先生的画面中却一样让我们有此感受，可贵的是他的造型严谨中不乏生动，他的色彩滋润中满富质感，自然流畅，近远有致，平衡统一，意趣横生。在以符号为要旨的所谓当代艺术和以唯美为追求的传统写实这两大阵营之外，开辟出新的路径，因为其近生活、重情感、求意趣而越来越受到受众们的广泛青睐，相信这路风格的作品不久将成为投资市场中新的亮点。

飘越世纪的“白菜花”香

——再论陈天强的油画艺术追求

文 / 毛岱宗

看了天强这些年来的油画人物作品。引发了我一些随想，这是一种新鲜又厚重的感受，它不仅启示了我对其所表现普遍低层人物命运关注的体认；还启示了我对油画人物表现新写意性探索的一种认同。油画人物画当下的视界是一个被观念的、风格的、新媒材的以及丰富的各色人物对象题材等因素织成的万花筒，让人眼花缭乱。实际上其中题材和表现仍是油画人物画的基本命题，任何人的创作实践建构都无法绕过而凭空依止。天强的油画人物画探索正是从此两点上显现出创作的审美趋向和表现的新意。

一、低微人群的关注

艺术史上对低微人群的关注是人道主义光亮的自然延伸。可惜这道人性的光芒随着伦理水平的下降而日趋式微。在为数不多的坚持表现这些“小人物”，乐此不疲的画家当中，陈天强算得上一个。

让我记忆犹新的是天强的毕业创作，那是在上世纪80年代初，天强画了一个坐在门坎上拉二胡的农夫。刻画的操琴者光背低头沉浸在“乐思”中，从总体色调上看显然是深沉而缠绵的，点题之笔是门旁的那盆白菜花，合理的是它取之于生活，是农民种植的白菜种；合情的是它的出现跟农民爱美

陈天强 女人体系列一 80×80 布面油画 2008

之举相称。画面透露出一种酸楚的抒怀。我

记得当时的毕业创作绝大部分都是奉行现实主义的手法，只有为数不多的作品能够完全摆脱“文革”时期的“左”的口号式的创作影响，表现出现实主义的真正内涵。在各种人物题材中，天强选择了最底层群体，并对此倾注了极大的热情。看得出天强的艺术创作中有种真性情，也预示了他艺术使命中人道主义的秉持。

跨越21世纪的今天，30多年过去了。如果说当初关注下层是一种主流文化导向，而现在创作的观念、流派、方法已呈多元之势；生活富裕使“小资”表现已成汪洋大海；又加上艺术市场化的诱惑等因素使对下层关注的油画家纷纷转向。尤其一些快乐主义、玩世艺术观点觉得关注劳动阶层不再是一种进步性，甚至怀疑是一种伪善。对艺术中的深度性、严肃性、道德性的瓦解莫过于此。所以在30年后的今天的创作潮头前还在坚持画那些底层人成为一种尴尬。而这些对天强来说，晃若隔世，他有自己的“桃花园”，选材依然如故，还是那些名不见经传的“种植白菜花”的底层人们。他的笔关注着他们的住所变迁、生活变化。在社会变革的大潮中，底层人物的命运越发卑微，仿佛不存在。而作为生命的个体，他们是生动的、鲜活的，有着平等的天赐。天强近几年的人物系列中，如《乡村老者》、《小老板》、《老夫老妻》、《里沟的婆婆》、《潮女》、《戴头巾的老婆婆》、《吸烟的男人》、《男生系列》、《女生系列》、《乒乓球友》等作品中，天强以犀利的笔法刻画时光给他们留下的印记和他们在现实中的状态，这一个个生动的形象是中国现实的一种存在，透过这些形象我们看到天强没有因社会风气的变化泯灭良知。从源远流长的艺术中现实主义内涵来说，关注弱势群体的题材美学价值仍然不可限量，它的永恒性不应该被一些权贵的、时髦的、商业的标牌所遮蔽……

透过天强新画的人物，我们似乎闻到那朵白菜花香飘过了世纪。

二、写意表现的突破

尽管是同样的题材，可已是30多年的跨世纪相隔，这期间中国油画人物画的表现普遍陷入了三大困境，天强自然要经过这三大磨难。其一，时下的潮流对建构个性的审美空间的冲击。从天强一九七八年上大学到现在，

陈天强 女生系列十八 100×100 布面油

陈天强 女人体系列六 80×100 布面油画 20

其绘画的历程正好伴随着中国的改革开放。令在封闭的文化背景下渴望吸吮艺术营养的学子们兴奋不已的，莫过于现代艺术的引进与介绍。但当初很少有人知道现代艺术意味着什么，也没有人知道它会在30年后给中国的油画带来什么。不少人对这些晦涩、深奥、象征、抽象的作品接近是出于好奇，临摹、效仿……在85新潮后各种各样的式样被学临一遍，当时最盲目的代表说法是“西方一个世纪的路我们不到十年就走完了。”今天冷静下来我们才知道，在主体意识缺位和个人价值不被普遍尊重和承认的条件下是没有真正的现代艺术的。我们把这些模仿和因袭的作品和它泊来的源头一一对照，发现只剩下抄袭。在中国还有没有真正意义上的现代艺术。

建构个性的审美空间是西方现代艺术对中国油画家的全部启示。当人们正在试图认真如此做的时候，即现代艺术在中国刚刚绷起脸，站稳脚跟时，后现代艺术在中国粉墨登场，向大众献出嬉皮笑脸，消解比建构更快，淡化技巧、放弃深度，消解严肃。它让高雅文化蒙羞。然而后现代艺术却快乐地滑行在生活表面上，他们声称“高雅和通俗没有意义的区别”，“通俗文化是文化的原本”！如此以来哪个是真正的“美猴王” ？人们花了眼。在缺乏判断力的情况下只能莫衷一是，只有随波逐流。建构个性化审美空间自觉又一次遭遇到消解。在30年当中，中国油画家像经历着玄藏西天取经一样的磨难。这其中识破妖雾，得到真经的应该是那些从心性相信自我，反观内照，从而逐步建构个性审美空间的人，从这个意义上吃亏的是那些不住跟风的人，追随着表面的人。

天强在这30年中，肯定有过不止一次的困惑，而他的冷静，让他没有轻易的跟风，赶时髦。他的人物作品向我们证实他抗过种种的诱惑，在有趣的笔墨间，在深厚的造型能力下、在有情致的人物刻画里，透露着属于他个人对传统和生活的化育。强烈的代表他个人的表现风格，是个性的审美空间建构的体现，他跳出第一个困境。

其二，商业诱惑对艺术自觉性的麻痹

实话说我和天强这代人学画时压根没有想到有朝一日画可卖出去，出于爱好而已。所谓的回报，自己满意、同行满意、观众满意，也如此知足。有一点是年轻时想挣脱的，即艺术创作多受政治的干扰。谁也没想到艺术品进入市场的行列，金钱比政治还霸气，成了运行扛杆，成了价值的尺度。于是，推介、操做，艺术品背后藏着巨大的阴谋。一张低俗甜腻的作品突然暴出不菲卖价。一些照片的复制也竟成为高端的艺术品。油画界贤哲们疾呼：油画的照片化是中国油画的悲哀！然而那些审美低俗的大款们拿着自己的钱买的是自己的满意，艺术道义的呐喊对他们无济于事。市场绑架艺术家似乎

比政治更加容易，也更加悲哀。前者是被动的，后者是两厢情愿的。曾几何时当现代艺术向传统艺术发起冲锋，曾一度试图颠覆已有评估规则和商业庸俗，让艺术回到艺术的殿堂。这些精神贵族低估了金钱万能，现代艺术照样被绑架，“现代行画”业已充满了市场，中国有，西方也有。

失去主体意识觉醒，陷入迷失的困境，艺术的精神匮乏，更谈不上精神境界。尚或有精神守望者，又被大众的和流行艺术嘲讽：哪还有艺术？哪还有艺术家？从哪寻找它们的界限？还有人搭理那故作自傲状吗？如此以来，守望者自怨自艾！

陈天强如何抗住诱惑，保持清醒，尚不知究竟。或许他不喜欢钱，或许他很趁钱。无论如何他很从容。同行们知道他的造型功力足以应酬市场上各种难度的细活、行活。但他不屈就、不献媚，画的始终不俗。他让自己满意，也好象在寻找知音。陈天强躲过了市场的绑架，跳出了第二个困境。

其三，传统的贯性对油画语言探索的纠缠

学习，模仿，天经地义。中国现代教育策略和教育模式，使学习者开始忽略想象培养、创造性培养、个性的培养。除了个别天才外，绝大多数艺术家都是到了中年才开始反思、自省，开始突围。这是中国艺术界的特殊现象。多数人难于突出去，被囚在僵化的模式里。为数不多的人突出来，像是幸存者。当然做为画家这种反思与突围表面上看是技术层面的，实质上是精神层面，技术的层面是落脚点。这跟前面说到的建构个性的审美空间和艺术的自觉性形成直接的联系，它们最终决定了突围成功与否。

所谓的突围，实际上是找回在学习的过程

陈天强 孙瑾 90×70 布面油画 2008

中丢失的东西，是一些个性化和私秘化的东西。更具体点说，学习与模仿所得的东西是一些一般的、规律性的、共同的、所谓传统的东西，它们最大的特点是似曾相识、司空见惯。而往往是它们掩埋了被掩埋者，而被掩埋者自己却不觉察。不如此，李可染先生何必疾呼："打出去"！打出去容易吗？李可染先生说，要以"最大的勇气"，可见突围之难。

传统的贯性往往让人省力也让人懒堕，让人见效快，也让人付出泯灭的代价。不少突围者往外走走又退了回来，觉得费了一阵力还不如原来。传统确实伟大，它的阴影死死的跟突围者纠缠，三弄两弄突围者就没了勇气。难怪跟风者多、因袭者多、平庸者多！

在个性的审美空间建构不起来，艺术的自觉性形不成时，最终是找不到突破缺口和勇气的支点。

说到天强突围，至少前后用了近十年的时间。所谓的突出来实际上是建构起自己的艺术语言。许多人的实验建构往往从一些容易的题材下手，而天强的实验是从人物着手，不回避难度。这原因是他有驾轻就熟的人物素描功底。具体地说天强突破的是他早年学到的和众多的艺术学子一样的全因素的造型方法和油画表现方法进行了转换。他将现代绘画的因素和中国写意画的因素揉进了其中，对原来的体系慢慢地、一点一点的进行解构。被支解掉的是那些科学的因素，如焦点透视、光的规律、客观比例、条件色等。最终画面转换的结果是：明暗脱离的光源成为装饰的要素，透视消退装饰背后，条件色不再是物质的显现，而是平面的构成关系，塑造的笔触也变成一种互生的笔墨关系。天强的画最终突出一个写字，其他的被隐藏在背后。这是多年琢磨出的一点东西，偏向于中国的艺术表现情调。天强的人物写意的突破点在于他不是局限在笔法上，而着力点是在人物神韵上，为了使人物特征神态更突出、生动，他多少采取了点漫写，但并没有滑向漫画，而保留了油画的深厚感，在写意油画中，天强真正做到了遗貌取神。这种油画人物表现语言的新探索是经过多方面的实验综合成的，既有中国的东西也有西方的东西，既有传统的东西也有现代的东西，并构建在传统的深厚功底上。其成功出现绝非一朝一夕，是终生的积累，也是终生的突破。天强没有被传统的贯性系缚，也不情愿坐在传统的安逸箱里，而是用他的睿智与汗水、判断与劳动育化脱胎而出，他摆脱了第三个困境。

经过了三大磨难，已是天命之年，得到正果，这就是天强走过的路。他的油画人物画呈现着现代的、民族的、个人的综合特征，正是一个画家在中国这片土地生息的必然，而且将日趋进入化境。

陈天强 戴帽子的裸女 70×90 布面油画 2009

陈天强艺术简历

1960年出生于山东临沂。1982年毕业于曲阜师范大学艺术系美术专业。现为山东建筑大学艺术学院教授，硕士生导师。中国美术家协会会员、山东油画艺委会委员、山东油画学会理事。

1991年连环画《沂蒙脊梁》入选建党70周年全国美展 、省最高奖；

1991年连环画《莱茵河的金子》编入《世界神话画库》；

1995年参加编绘《中国历史知识画览》现代卷、近代卷、民国卷；

1995年油画《月季花》入选全国首届油画静物展；

1996年油画《紫荆花》入选第二届全国油画静物展 ，并在嘉德拍卖成交；

1998年油画《花》入选山东小幅油画展并发表在《中国油画》；

2001年油画《蒙山之秋》获山东省首届写生作品展最高奖；

2002年油画《蒙山丛柏庵》入选体验与实验山东小幅油画展并获省级优秀奖；

2004年油画《山韵》获第十届全国美展山东展区三等奖；

2004年油画《大洼印象（一）》获山东省第二届写生作品展三等奖；

2004年油画《大洼印象（二）》获山东省第二届写生作品展优秀奖；

2005年油画《荷塘系列•秋》在山东省第三届写生作品展中获二等奖；

2005年油画《蒙山畅想》获山东省油画风景展二等奖；

2005年论文《中国传统绘画中的模糊美》发表在《文史哲》，并获山东文化艺术科学优秀成果二等奖；

2005年出版专著《陈天强油画选》《石膏像素描教程》《人物肖像素描》；

2006年油画《荷塘》入选"风景•风情"全国小幅油画展；

2006年油画《荷塘》入选山东省写实油画展

2006年专著《石膏像素描教程》获山东省文化艺术科学优秀成果二等奖；

2006年在山东省艺术院校美术大赛中获指导教师奖；

2006年油画《荷塘之一》入选风景•风情全国小幅油画展；

2007年油画《村落》入选第二届风情•风景全国油画展；

2007年油画《荷塘》参加中韩交流展；

2007年油画《家园》获山东省新农村建设写生作品展二等奖；

2008年油画《人体》获山东省艺术院校美术大赛银奖；

2008年油画《市井图》入选第十一届全国美展，获山东省一等奖；

2008年在山东省艺术院校美术大赛中获指导教师奖；

2008年出版画集《油画名家陈天强》；

2008年"三十年聚"八人联展山东美术馆

2009年油画风景获山东省首届齐鲁风情油画展三等奖；

2009年油画《女人体》在"历史记忆•生活感悟-庆祝新中国成立60周年山东省油画作品展获三等奖"；

2010年油画《乡村老者》山东省第二届齐鲁风情油画展一等奖；

2010年参加山东油画艺委会寿光写生展；

2010年参加山东油画艺委会潍坊写生展；

2010年油画《练江》、《蒙山竹林》参加齐鲁美术世博行展览；

2010年油画《人物系列》获"绘画vs影像•2010山东油画作品展"二等奖；

2010年在《中国油画》第六期发表油画《沙发上的女人体》；

2010年"心想之旅"北京十人油画展；

2010年"杏坛十人油画展" 明湖美术馆；

2011年油画风景入选翰墨春秋——庆祝山东省文联成立60周年书画精品展；

2011年油画《沂河》签约"百处山东重要名胜古迹创作工程"；

2011年油画《八路军115师入鲁》（合作）签约"山东省重大历史题材创作工程"；

2012年油画《吸烟的男人》入选"可见之诗— 第二届中国油画写生作品展"。

陈天强 草坡地 110×110 布面油画 1989

陈天强 女生系列十五 61×50 布面油画 [illegible]
陈天强 女人体系列七 80×80 布面油画
陈天强 早期的女人体之一 80×53 布面油画 19[illegible]

陈天强 女生系列十七 布面油画 2008
陈天强 穿黑衣服的女人 60×60 布面油画 200[illegible]
陈天强 女生系列十四 80×60 布面油画 [illegible]

陈天强 市井图 150×150 布面油画 2009
陈天强 豆豆 90×70 布面油画 2010
陈天强 孕育 120×80 布面油画 2010

陈天强 女生系列三 90×70 布面油画 20[illegible]
陈天强 画室・女儿・小狗 100×120 布面油画 2010
陈天强 女生系列九 120×80 布面油画 20[illegible]8

陈天强 女人体系列八 90×120 布面油画 2011
陈天强 旱烟袋 90×70 布面油画 2008
陈天强 穿牛37仔裤的女孩 90×70 布面油画 2009

陈天强 早期的女人体之二 60×73 布面油画 1997
陈天强 女生系列十三 100×80 布面油画
陈天强 女生系列十二 90×70 布面油画 2008

陈天强 沙发上的女孩 100×80 布面油画 2011
陈天强 沙发上的裸女 50×60 布面油画 2008
陈天强 女生系列六 90×70 布面油画 200[illegible]

陈天强 女人体系列二 70×90 布面油画 2008
陈天强 看书的女青年 70×50 布面油画 2010
陈天强 女生系列十一 90×70 布面油画 2009

潜力

最具升值潜力的实力派艺术家

侯志民

【凤池观察】写实绘画一直以来是中国的主流，而古典写实又因近十来年高位行市的引领而成为众藏买家的抢手之物，然在扎实的表现功力和唯美的造型着色之外最大的难度就在于画面气息的把握，为此不在少数的古典写实画家都在这样的瓶颈里难于超越而始终不能提升画面的趣味。侯志民先生的作品却能很好地予以注意并尽力克服之，华丽的金色中没有庸俗的富贵气，洁净的白色中没有死寂的僵白，即便大红大紫的运用也杜绝了艳俗的成分，因而他的人物端庄而自然，娇美而玲珑，优雅而恬静的画面气息无形中将其画面的意境得以提升而在目下众多写实画家画作中脱颖而出。

宁静致远　刻意求工

文 / 冯家驳

我喜欢青年画家侯志民的作品，因为这些精美画作能让当今生活在快节奏时代的人们享受到一份少有的宁静。

侯志民的作品大多是表现女性人物，既有端庄秀美的东旗袍仕女，又有当代都市的时尚丽人。以写实技法表现女性人物的油画不少，但能通过对画中人物及环境的巧妙铺排与调动，充分表达画家对安静、祥和生活渴望与追求的作品却也不多。然而侯志民的作品恰恰能够通过严谨而准确的造型，靓丽而和谐的色彩，浓淡相宜的光线等绘画语汇，真实地表现这种令人神往的境界。

侯志民画中最能传神的是人物的眼睛。我感觉《凝》、《憧景》、《寂静》、　《回眸》、《眷恋》、《淡淡的思忆》等几幅画作最为典型。几幅画中人物的眼神截然不同，却都能

侯志民 佳佳 27×35 布面油画 2010

准确地表达或深思或希翼或喜悦亦或是对周围事物的关切，充分表现出人物的内心活动。但这些眼神也有其共同之处，那就是宁静、祥和，而没有一丝轻佻或半点浮躁。这大概就是侯志民平时对事物的细心观察和对人物内心世界深刻理解的结果吧。

我欣赏侯志民的画作，尤其是画中人的眼睛，但有一幅画侯志民却没有画她的眼睛，而只是给了背影，然而这画却是我感受最深的一幅，这幅作品就是《盼》。画中一个都市小姑娘，她的脸几乎贴在阳台的玻璃窗上，窗外夕阳西下，在朦胧中有一列徐徐开往车站的城铁列车。仅此而已，我看到：她在盼！她在期盼着奔波一天的父母，盼他们从这列车中走出来，早一分钟到她身边，一起度过温馨、祥和幸福快乐的夜晚。这时我仿佛看到了这个小姑娘那双凝望列车的大眼睛，同时也看到了孩子那颗热爱父母、热爱生活的心。我想这可能正是画家想向人们传达的美好意境吧！

后来我听说这幅画中的模特正是侯志民的女儿。那么我就又多了一层感触。作品是否隐约地传达了画家对疲于奔命的紧张城市生活的无奈和对宝贝女儿的一些愧疚呢？也许这正是侯志民在他大部分作品中，不厌烦地表现安谧和谐氛围的动因之一吧。

当今社会红尘滚滚，社会的进步带来了物质财富的快速发展，但同时也带来了人心的躁动。人们以最大精力追求财富的积累，这已经形成一种潮流。浮躁心里的流动在艺术界也不能幸免，有为数不少的画家放弃对艺术的追求，而想通过种种“捷径”达到一举

侯志民 遐思 60×80 布面油画 2012

侯志民 静思 91×65 布面油画 2011

成名，一夜暴富的目的。然而侯志民却远离了这股“潮流”，坚定不移地选择了老老实实做人，认认真真作画的艺术道路。

侯志民出生于艺术世家，从小接受艺术熏陶，少年时就被素有小画家摇篮的北京市少年宫美术班录取并在其中启蒙，中学时被北京的一所美术高中吸纳并崭露头角，继而走进了中央美术学院大门，在名家的指导下深造。毕业后曾留中央美术学院城市设计学院绘画系，在学院工作了4年。尽管如此，侯志民在一切向钱看的社会环境中，心静如水，不为名利所动，毅然坚守了吃苦费力但品位高雅的写实手法，勤勤恳恳地用西方传统的技法去表现中华民族优秀传统文化和其内心的美好思想境界。

有耕耘就有收获，由于侯志民的作品立意高远，思想健康，造型唯美，构图严谨，色彩典雅，能充分体现东方神韵，符合东方人的审美意趣，所以他的作品才能多次参展，多次被知名出版物收录，并被学院、基金会、画廊和中外友人及收藏家收藏。最近几年，侯志民的画作在拍卖台上也有不俗的表现。这些足以说明侯志民的作品已经被油画界的行家所肯定，同时也经受住了市场的考验。即或如此侯志民依然一如既往，一笔一画地在画布上实实在在地创造着“美”，当然也有他对油画艺术的执着追求。

侯志民 肖像 布面油画 2012

侯志民 金发卡少女 100×73 布面油画 20…

侯志民 流金岁月 150×65 布面油画 20

侯志民艺术简历

1968年生。职业画家，毕业于中央美术学院，曾任职于中央美术学院城市设计学院绘画系。

1999年作品入选由北京美协主办"纪念人民艺术家老舍先生中国名人艺术家书画作品展（国际艺苑）"，参展作品被老舍文艺基金会收藏。

2001年获中央学术学院成教部2000-2001年度作品展一等奖，多幅作品被学院收藏。

2005年参加中央美术学院城市设计学院教师写生作品展。

2005年素描作品《女模特》被编入《美术基础教学丛书——素描头像》天津杨柳青画社出版社出版。

2005年油画写生作品《树荫下》被编入《升华自然·中央美术学院色彩写生教学——油画风景卷》吉林美术出版社出版。

2006年参加"北京市第六届美术作品展"（中央美术学院美术馆），北京美协主办。

2007年参加"融合与创造——中国油画名家学术邀请展"（首都博物馆），北京美协、北京画院主办。作品被编入《融合与创造——中国油画名家学术邀请展》，第163页，江西美术出版社。

2007年油画作品《梳妆》等作品被编入《二十一世纪中华翰墨名家大典》第一卷。

2008年参加"乡韵—中国当代写实画家作品展"（香港抱趣堂当代艺术馆）。

2011年参加"融合与创造——中国油画名家学术邀请展II"（中国油画院美术馆）

侯志民 夏夜 130×97 布面油画 2007

侯志民 梳妆 150×75 布面油画 2007
侯志民 眷恋 100×65 布面油画 2008

侯志民 春韵 150×75 布面油画 2008
侯志民 持扇少女 100×73 布面油画 2006

侯志民 憧憬 150×75 布面油画 2008
侯志民 兰馨 100×73 布面油画 2009

侯志民 情怀 130×160 布面油画 2010
侯志民 回眸 100×80 布面油画 2006
侯志民 唐装 91×65 布面油画 2006

侯志民 思绪 91×65 布面油画 2006

侯志民 寂静 100×73 布面油画 2011

侯志民 红衣少女 91×65 布面油画 2006

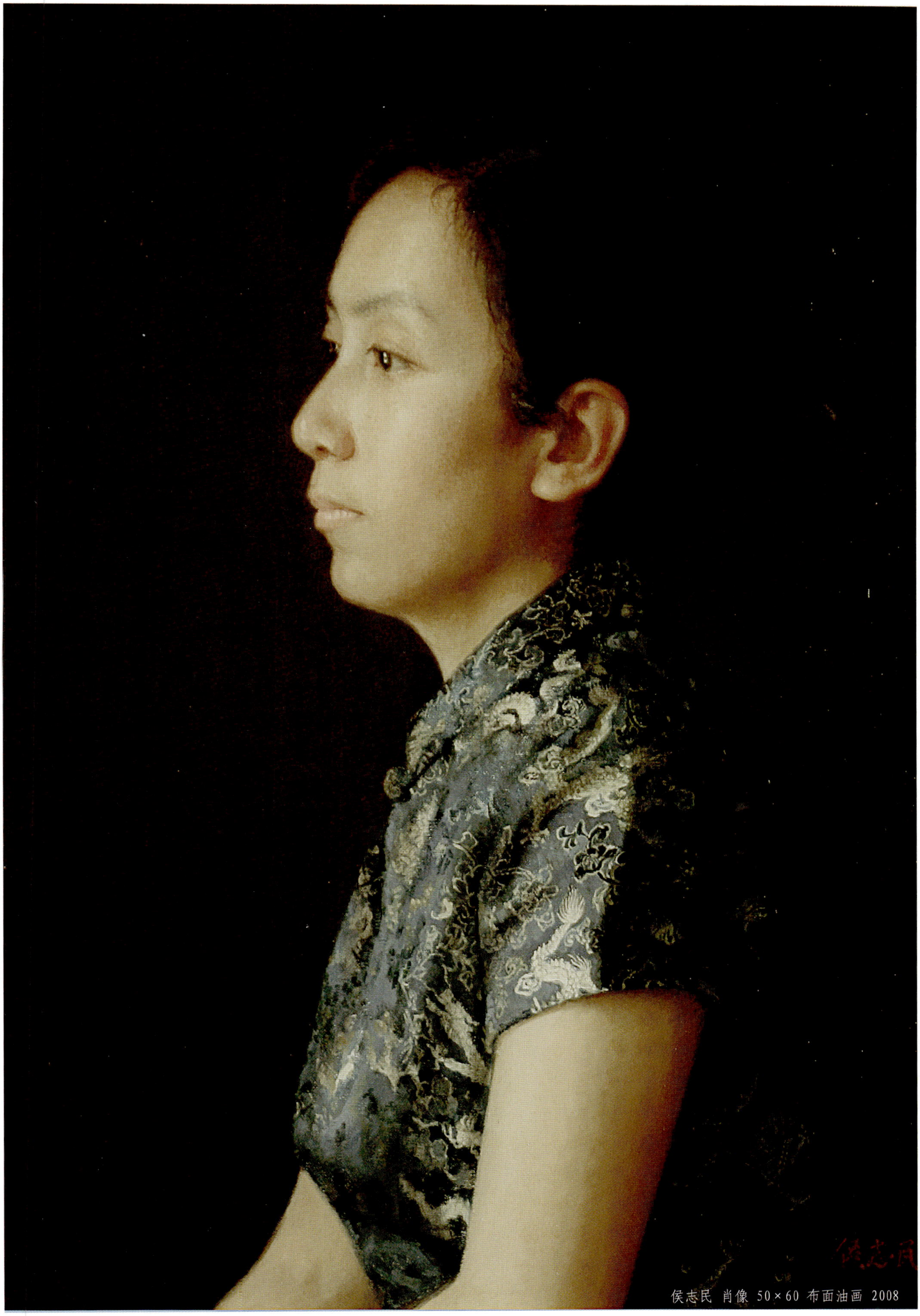

侯志民 肖像 50×60 布面油画 2008

侯志民 凝 100×73 布面油画 2006

侯志民 屏风前少女 91×65 布面油画 2007

侯志民 淡淡的思忆 146×89 布面油画 2010

侯志民 望 120×80 布面油画 2007

潜力

最具升值潜力的实力派艺术家

马蕾

【凤池观察】马蕾是个有性情的艺术家，他有着扎实的表现功力但不因扎实而呆滞了画面，马蕾是个有思考的艺术家，他有着非同一般的敏锐但不因敏锐而浮滑了画面，马蕾是个有时代审美的艺术家，他有着年轻人的朝气但不因年轻而使关怀流于媚俗。他每以生活周边熟悉的人物入画，关怀他们的生存、心理、情趣、困惑及其产生这种状态表层之外的原因，对抒写对象精神的注重构成了他艺术的显著特点，《雨季》系列《浮云》系列都能很好地印证这点，而这一点正是其作品感人之处。

画家马蕾

文 / 张洪忠

马蕾个不高，又瘦，活力十足，矬人高声，有一条好嗓子，能唱一口字正腔圆的信天游。一开始他说他能唱我不信，卡拉OK出来以后，人人都以为自己是歌唱家，惨不忍睹的声音充斥在空气中，每个人都肆无忌惮地展示自己的个性，自然多数人也并不认为自己是艺术家，就是娱乐而已。那年在塔峪写生，就我们两个在山上，他说我给你唱一段，我不便拂了他的好意，也做好了足够的心理准备，忍住。但声音一出响遏行云，吐音咬字全陕北味，一下就把我震住了。再唱了一段沂蒙山小调，反而没信天游唱得那么有味。其实他纯粹的山东土著，就是写生去过几次陕北，这事让我琢磨了好一阵子。仔细想想，沂蒙山小调也土，也亮，但曲调太像个歌，吼不起来。再看歌词，青山绿水高粱红豆花香，过于写实，也浪不起来。信天游自由疏散，感情奔放，哀怨激昂，勾人心弦，一声“那个开花红艳艳”其实挺不讲理，却一下就把人的魂勾住。山东人历来厚道，做人做事讲道理，守规矩，下苦功夫，不怎么机灵，挺像董其昌所鄙夷的北宗。画家中也有机灵的，不过最后孔雀南飞北飞都离了山东，很多有才华的山东画家都在这种坚守与蜕变的纠结中以悲情而告终。看马蕾的画，也正是在这种纠结中坚韧地展现自己的面貌。

马蕾尽管生在农村，但成年后却是一直在学校的圈子里生活，19岁考进艺术学院学了4年油画，毕业后又进了学校教学，再又考上研究生学了3年，然后还是留在学校教学，这样的经历塑造了典型的山东油画家的心

马蕾 绿茶 60×60 布面油画 2006

理及性格特征，即既有深刻的乡土意识，又有被油画的审美品格所培植起的审美取向，这种审美取向是完完全全建立在乡土意识之上的，两者几乎无法剥离，山东在全国油画领域发出的唯一一次较大的集体声音就是80年代的风土人情。山东的风土人情离不开“山东是孔孟之乡”这个事实。反映在艺术精神上，就是务实、尚实。这个实，不仅仅是油画写实之实，而是体现在生活与精神的方方面面，渗透在血液与骨髓之中。外边的世界很精彩，但不属于自己，画家们极少去考虑自己身边以外的东西，他们的灵感完全出自自己的感同身受，从生活中来到生活中去，从深厚的生活土壤里汲取营养，从人性的光辉中点燃灵感，写物以附意，触物以起情，在这样一个艺术过程中，画家极力排除浮华与喧嚣，努力探求生命与心灵的真实，与生俱来地承担起普世价值义务，悬梁刺骨地练就一手写实功夫，铁肩担道义，辣手著文章，不能达济天下也要独善其身，马蕾在上学期间及毕业以后也很自然地沿着这么一个轨迹坚守下来，他的较为成功的作品，包括入选第十届全国美展的《流星》、入选第十一届全国美展的《城市上空》，以及入选山东省重大历史题材创作工程的《孟良崮》尤其清晰地显示出以上这些在他身上留下的痕迹。

马蕾画《流星》还在他读研期间，这幅作品，包括马蕾的其他作品，很难归类到哪一流哪一派。所谓写实，所谓表现，不过是人们便于表述而建立起的一个虚幻建构，每一个画家都有自己独特经历和气质，从而演化出自己的语言表运方式。马蕾一定要打着普世价值的大旗，把自己的感情倾注到他所感受和关注到的同代人的历史命运中去，咀嚼和吞咽着他那一代在读学生的苦与乐。他的本科、研究生学习都是在山东艺术学院，作品也毫无悬念地体现了这座学校的教学风格，实际上也就是山东油画创

作的主流风格，即写实功力扎实，绘画题材入世，故事情节现实，情节处理合理，绘画构图稳定，色彩运用和谐，叙事风格传统。作品中女孩坚定的迷茫透露出这个时代年轻人的精神困惑，对现实的困惑，对将来的迷惑，对命运的困惑，既有的价值观念面对瞬息万变的现实世界的困惑，都集中在站台上一脸迷茫的女孩身上。车站作为人生舞台中的一个符号隐喻，具有强烈的象征意味，它暗喻了学生生活的结束就是人生的一个中转站，而转运的下一次列车不知何处，它开往的方向也不知何处，正是在这样一个语境中，自己在这个世界上不过是一颗流星的感觉才会分外强烈。流星在脑子里不是一个物质，而是一个梦幻，这个梦幻含藏了人生经历中所有的体验，尽管对于一个毕业生来说，这样的体验才刚刚开始，但车站的意义对她来说无比重要，她在和自己生命中的一个阶段，一个最灿烂辉煌、令人羡艳的人生阶段挥手相别。此时此刻会在她的心里留下什么样的痕迹？对她来说，在此之前，一切都是美好，而以后对他们来说就不全是这样了。她会发现心灵不会象过去那样晴朗，阳光不会象过去那样灿烂，纯洁的心灵会逐渐布满阴霾，激情会逐渐被平庸所替代，红润的面颊会慢慢地被可憎的皱纹所撕裂，到那时，他们或许才能真正懂得什么是生活和人生。人生的沉重使这个女孩看起来那么的无助，稳定的构图使用了超级稳定的横线和竖线，但这阻挡不住它被在所有的隐喻结构中弥漫的伤感所融解和动摇。那颗流星的运行轨迹是全画面中唯一不和谐的斜线，女孩命运的这颗流星能冲破这一切吗？但即使冲破又能如何？至多就是以自己所有的能量碰撞出一闪即逝光的亮而已，画面透露出无限的伤感与迷茫，画出了这个时代学生们的悲哀、希望与期待，作品几乎具有山东油画的所有属性，尽管画面还带有学生气的稚嫩和矫情，

《城市上空》遵循了完全相同的创作思路，

马蕾 暮光 160×160 布面油画 2010

马蕾 梧桐雨 160×160 布面油画 2007

堪称是《流星》的姊妹篇，但前者比后者问世晚了五年，画面的处理和所要表达的意念成熟了许多。画面表现的是站在楼顶进城务工的小伙子，鳞次栉比的高楼筑就了城市的喧闹，但画面仍然运用的超级稳定的横线，给观众展示的是死一般的寂静。这幅作品使我想起南京作家祁智的小说《城市上空的鹰》和东北画家郑艺的油画《驰骋的心》。祁智小说中用了诙谐的手法消解了农民工的悲剧色彩，让人在后现代语境中解读当代城市生活的无序和和渺茫的希望，郑艺《驰骋的心》同样有诙谐的色彩，那种漫无边际的向往让这个对外面的世界一无所知的青年农民呈现出既可爱又可笑的喜剧色彩，用一种温馨的寂静暗示出外面的喧嚣和深不可测，他在跃跃欲试的骚动中仍然脚踏在自己生长的土地上耽于幻想，希望也就是在这种幻想中才能存在。到了《城市上空》中，现实把这种希望击的粉碎。《城市上空》摈弃了那种玩世不恭的调侃味道，因为这种手法不符合山东画家的心理模式，也不符合山东画家眼中的现实。

画面中的人物离开了自己的土地，被架高到不仅远离自己的家乡和土地，而且远离所有的人群的环境中，和郑艺笔下的那个农民一样，怀揣一颗骚动的心，但他是一只已经离岸的小船，在当下的社会现实中，所有有着生活经历的人都会明白，他被生活风暴抛向哪个角落只能由命运说了算，甚至他的命运说了也不算，因为我们这个时代，命运已经被掏空了而缺乏质感。马蕾选取了最典型的一个社会角色作为画面的中心形象，用了一系列的反衬手法，本来处于社会结构的最下层人物，在画面中却被置于自然空间的最高层，本来离开了寂静的土地而卷入各色人等的喧嚣海洋中，画家却又用特殊的手法把他从这种喧嚣剥离出来，把他置于一个尚能幻想的孤独空间。我们感受到的是在平静孤寂的画面后面涌动着的生活暗流，狂躁骚动令人晕旋，或者他被城市的向心力所吞噬，或者他被生活的离心力所抛弃，那种孤独，那份无奈，那份初入人世的无助，或者说还依稀残存的希望，都随着他远望地平线的目光浸染着所有关注他命运的人们。这两幅作品无疑画的是马蕾自己或者说是马蕾们自己，表现了他们刻骨铭心的切身感受。

《孟良崮》与他的《流星》和《城市上空》不同，革命历史题材的现实性不允许他掺进过多的个人因素，但马蕾却尝试着努力挣脱诸多观念的束缚，尽力表现出他的艺术个性，在沉重的题材处理过程中化浑厚为潇洒，画稿出来后博得众声喝彩，也获得靳尚谊等先生的热情赞许。

孟良崮战役可以说是国共两党在军事史上的生死之战，几十万人绞杀在一起，其惨烈程度可想而知。那么多描绘诸多战役的历史油画都是硝烟蔽空血流满地，把战争的残酷与壮烈铺陈在观众面前。马蕾在处理这一题材时举重若轻，一扫战争场面的血与火，为观众呈现的是一首充满浪漫情调的嘹亮而优雅的晨曲。远处的群山洒满了玫瑰色的光辉，一组人物沐浴在朝阳中构成一幅非常抒情的清新画面。这里抒的不是历史之情，而是艺术之情。在画面中作者不是站在历史的角度，而是站在人的角度来回味历史。战争与和平，生与死，血与火，生命与自然，胜利与失败，智慧与胆略都被浓缩在这一个瞬间，镌刻在这一组纪念碑式的群像之中，这样的处理极大地提高了情感对画面的统摄力度，将情感渗透到画面的每个角落。画面运用用多种错位的手法诱发观众一系列的心理活动，从而扩展了绘画所独有的审美空间。

中国油画和西方油画始终不可消解的隔阂

是它们的审美指向不一致，中国油画永远摆脱不了来自中国文化潜意识层面的影响。

尽管油画在写视觉真实方面有那么大的能量，但事实证明它并没摧毁或颠覆中国艺术的核心，这个核心就是意境。那种意在象外、含蓄朦胧、避实就虚、情景交融的艺术追求和表现手法使中国油画平添了丰富的表情内涵，马蕾在这幅作品的处理上也处心积虑地使用了这些方法。利用温馨平和的画面处理和人们历史记忆中的战争惨烈形象之间的错位形成审美张力，反衬出的指挥若定的大将风度，用安静闲逸的画面气氛和激烈厮杀的战争场面之间的错位形成的张力，制造出比战火硝烟更振聋发聩的心理震撼，那种寂静和平和更加让人砰然心动。画面传达给人们的是，在这组战争参与者的脚下，静谧的群山中含蕴的巨大的自然、人生、文化和历史能量。一场大战结束后，沉下心来咀嚼回味才能深刻感受到战争的价值所在，这样的处理比直接描绘战争场面能让人产生更加荡气回肠的审美感受。

这几幅作品都具有典型的山东风貌，奠定了马蕾在山东油画界的地位。山东并不得油画风气之先。五四以后，新文化运动在北边的北京和南边的上海风起云涌，却难触及地处它们中间的山东，文化名人们在京沪间南来北往，也难得在山东留下他们的身影。新文化人在山东留下的较大的声响却是徐志摩乘坐的飞机撞向山头时发出的声响。更耐人寻味的是，历史车轮吱吱呀呀地转动了70多年后，随着大学的扩建，山东的几所艺术院校又不约而同地聚集在了这座山头周围，是宿命，还是巧合？但徐志摩那“轻轻地，轻轻地……”声音恐怕至今难以融入山东油画的境界中去。与生俱来的文以载道的使命感，孔夫子“绘事后素”的价值观，齐鲁大地上沉重的生命体验，都使山东油画家们难以割舍那深入血脉的文化传统。画家们少有绕树三匝无枝可依的那种焦虑，关

马蕾 孟良崮(创作稿) 75×120 布面油画 2011
马蕾 天鹅 180×148 布面油画 2008

注现实，反映现实，似乎成了山东油画家们的历史宿命。

马蕾有坚实的学院绘画底子，学院教出的画家能较快地学会说话，但有时不太会说自己的话，熟练地把玩着现成的语言也颇有成就感。等明白了这个道理，再去所谓找回自己，找不找得回是一个问号。前年和马蕾在泰山脚下写生，群山里万籁俱寂，在月光如水竹影婆挲的农家小院里我们不止一次地掰饬过这个问题。个性肯定不是艺术的唯一属性，都说四王的画缺乏个性，但阻止不了至今那么多人在学在欣赏在研究并且还会无休止地学习欣赏研究下去。其实个性并不是一个泛泛的概念，个性充分而造成语言缺失恐怕也不是好事情，他面对着竹影和月亮，眨巴着小眼暝思苦想，怎样认识和处理这个问题也是煎熬马蕾的问题之一。写诗讲究比兴，不比没有骨，不兴则没有魂，画画亦然。比的太多画面没有生气，而兴的太过则容易失真。艺术真实是一个老问题，从我们平常所说的眼见为实到哲学层次对真实的描述，这中间有着很大的跨度。真实概念从它的产生即沿着历史发展轨迹而被赋予不同的内涵。相对于传统的真实观，当代的主观真实论将对艺术真实的认识扩展到了更深的层次。克罗齐明确提出只有心灵的真实才是唯一真实的存在。弗洛伊德用他的享乐原则揭开心灵世界的最底层（至少到目前是如此），艺术是无意识心理活动领域所具有的强烈的心理能量负荷按这种享乐原则得到释放而获得满足和本能欲望的升华。萨特认为自为的存在才是真实的。他们的认识有一个共同点，即强调主体精神的不容置疑的地位。这一切都使艺术真实在哲学范畴内升华到新境界这一新境界象柏林森所阐明的，都是理性

所无法把握的。但对于山东油画家们来说，个性失去理性梳理油画能还存在吗？马蕾显然深刻地认识到了这个问题，也正辗转挣扎于这个纠结之中。

马蕾年过而立尚未不惑，他大量的近期作品显示出他确实在惑。孔夫子教导我们四十不惑，但艺术家是一个特殊群体，不能遵循这个常人所必然遵循的规律。前几天有个山东风情油画展（仍然是山东风情），马蕾送交的作品把评委分成截然相反的两个阵营，一方说应该给奖，而有人则说看不出好在哪里，马蕾不仅自己在惑，把评委们也弄惑了。“惑”应该是艺术创作的一个常态，蓦然回首的境界只能产生于众里寻她千百度的过程中，而这个寻的过程也就是惑的过程，是望尽天涯路的心理和精神基础，也是一个极其艰难的过程。作为一个年轻画家，作品屡次入选全国美展并在各种展览中获奖，应该是有一点蓦然回首的味道了，但马蕾显然想打碎自己已有的存在，继续坚持他自己的寻觅。他不甘心陷入众声喧哗的嘈杂之中，而是想和他画面中的人物一样，置自己于远离人群的空间，带着衣带渐宽终不悔的痴迷去寻觅，使自己羽化于独上高楼的迷人境界，吼出一曲沁人脾腑的信天游，我想他肯定行。

马蕾 浮云之三 120×120 布面油画 2006
马蕾 猜想乔依娜之四 77×53 布面油画 2011

马蕾艺术简历

1973年 出生于山东省淄博市，1992年考入山东艺术学院美术系油画专业，2003年-2006年于山东艺术学院攻读硕士研究生，师从王力克教授，2006年毕业留校，任教于山东艺术学院美术学院油画系，讲师职称，中国美术家协会会员。

参展及获奖情况：

2011年 创作稿《孟良崮》入选山东省重大历史题材创作工程；

2011年 作品《晨歌》获山东省委省政府最高奖——第四届泰山文艺奖一等奖；

2011年 作品《晨歌》获山东省纪念建党九十周年作品展一等奖，并被推荐参评山东省泰山文艺奖；

2011年 作品《猜想乔依娜》获第三届“齐鲁风情展”三等奖；

2010年 作品《侧面》参加“齐鲁美术世博行”，获突出贡献奖；

2010年 作品《两生花》获第二届“齐鲁风情展”三等奖；

2010年 作品《蜜瓜》获“绘画VS图像油画作品展”三等奖；

2010年参加山东省青年油画家邀请展；

2009年 作品《天鹅》获“历史记忆-生活感悟——庆祝新中国成立60周年山东省油画作品展”三等奖；

2009年 作品《城市上空》入选第十一届全国美展，并获省展一等奖；

2008年 作品《浮云一》赴美国展览并被收藏；

2008年 作品《绿茶》特邀参加全国高校师生作品展；

2008年 作品《梧桐雨》获“经验-实验——2008山东油画展”优秀奖；

2007年 作品《浮云二》、《肖像》参加“锐——2007山东当代油画家作品展”；

2006年 参与策划“瓶子”当代艺术展（济南青苹果艺术中心）；

2006年 作品《迷惘的风景》入选“全国风情•风景小油画展”；

2006年 作品《浮云一》获“时代的诘问——山东省写实油画展”二等奖；

2006年 举办“马磊张彩翼油画双人展”（山东艺术学院美术馆）；

2005年 作品《跃》参加全国第六届体育美展，并获省展一等奖；

2005年 作品《人物》获第三届山东写生作品展二等奖；

2005年 作品《菊花》获山东省第七届水彩粉画大展优秀奖；

2004年 作品《流星》参加第十届全国美展，并获省展一等奖；

2003年 作品《高原•润物》获山东油画风景展优秀奖；

2002年 作品《阳台》获山东省教师作品展一等奖；

1999年 作品《独白》第九届全国美展山东省展；

1996年 本科毕业，举办“马蕾作品展”，个展（山东艺术学院名人画廊）

1994年 作品《距离》入选第八届全国美展省展；

1994年 作品《梦魇》获“山东艺术学院在校生创作展”二等奖；

1992年 获山东艺术学院素描大赛第一名。

马蕾 浮云之二 120×120 布面油画 2006

马蕾 上弦月 160×80 布面油画 2008
马蕾 张彩翼 晨歌 180×135 布面油画 2007

马蕾 红裙子 160×80 布面油画 20C

马蕾 覆舟 146×114 布面油画 2006

马蕾 流星 180×180 布面油画 2004
马蕾 城市上空 180×180 布面油画 2009
马蕾 猜想乔伊娜之三 77×53 布面油画 2012

马蕾 雨季之一 160×100 布面油画 2010

马蕾 两生花 160×100 布面油画 2010

马蕾 猜想乔依娜之一 77×53 布面油画 2010

马蕾 雨季之二 160×100 布面油画 2010

马蕾 猜想乔依娜之五 77×53 布面油画 2011

马蕾 竹海 50×30 布面油画 2006

马蕾 飘过的气球 160×125 布面油画 2012
马蕾 兰裙子 160×80 布面油画 2008

马蕾 迷惘的风景之四 50×60 布面油画 2008
马蕾 风景写生之二 50×60 布面油画 2011

马蕾 风景写生之一 50×60 布面油画 2011
马蕾 迷惘的风景之一 42×34 布面油画 2006

潜力

最具升值潜力的实力派艺术家

杨海峰

【凤池观察】《山花烂漫时节》《在河之南》不管是《谁的红帆船》，你带着你一颗真诚之心去驾驭它，你一定会有莫大的收获，“本来无一物，《何处染尘埃》”？我以海峰这四件有影响的作品，连成一句话，大概也能道出这位年轻艺术家的艺术态度来，身外的诱惑太多，但海峰依然能把持着自己，这实在是难能可贵，我想，一个有思考的艺术家，一个有把持的艺术家，他必将成为一个优秀的艺术家。

画家杨海峰读记

文 / 孙菘

一老朋友推荐我一定要看看杨海峰的画。我们见了面，话语投机，一上午倏忽而过。读他的画并其有关资料，不觉竟日。有两个意象在我心中拂之不去。

我所熟知的李伯安《走出巴颜喀拉》，其人其画渐与珠穆朗玛峰融为一体……我发现，其身后有一后生背着画夹，健步走来，渐行渐近，走进广袤的中原。

远方海面上有一角尖山浮出，冰峰渐浮渐显，为越来越多的人所注意。

这两个意象中的主体形象，正是我对画家杨海峰的印象。

这样想，这样说，是否对一个青年画家褒奖太过？或者，因为我对画界孤陋寡闻，把平常的人物放大了？

我追问自己，又否定这追问。

虽然，杨海峰刚过而立，真正画画也就十年多一点，其作品只是崭露头角，但我以为，他解决了一个艺术家所要解决的如何掌握世界、掌握艺术、掌握自己这些基本问题，可以"大胆地往前走，不回头"，然后就是出成果攀高峰了。

先说掌握世界。艺术家多是"好高骛远"的。读万卷书，行万里路，为何？不只是心性狂野，而是掌握世界的需要。杨海峰闯过西藏，游过欧罗巴，虽然还不能说遍历大千，但"登泰山而小天下"，已经感受到不见高山不知平原、不到西方不知东方的意味。虽然只是在一定意义上入乎其内，但有了出乎其外、超乎其上的更多可能，可以放眼世界，更可以俯瞰脚下了。世界被自己掌握的这种真切感觉是进入艺术堂奥的第一大关隘。胸中有世界，然后才能画里有乾坤。具体的表现对象置放于了然于心的宏大背景下，所谓主客体的融合才能自然而然实现。

中心是掌握艺术。艺术家安身立命之本是作品，而决定作品生命根基的是艺术地掌握世界的方式。多元时代给艺术家的选择以充分的自由，同时艺术家也面对逼人的挑战。杨海峰的艺术求索之路先是痴迷于宋元，他对绘画的很多看法渊源于此；然后欧洲古典艺术的"饕餮盛宴"使其震撼。但杨海峰是一个"思者"，一个敢于"自树其帜"的"作者"。在比较中，他意识到，各个画种都有非常经典的伟大作品，要想办法把它们互相融合，借用河

杨海峰 黄河岸边之4 80×100 布面油画 2012

南农村方言，把它们“搅泥”在一起，就有意思了。从艺术层面上，他主张借鉴西方艺术精神，学习西画技巧，运用西方的工具和材料，海纳百川，兼收并蓄，以丰富和完善自己的绘画语言，从而画出有别于西方的表现中国观念中国审美精神的中国作品。杨海峰不掩饰自己强烈的“中国情结”，不断申说自己从情感上更倾向于中国的艺术作品，愿意自觉地回归中国的传统艺术，尤其欧游归来之后，这种意向更加坚定，中国的皇天后土才是自己无限艺术创造的源泉和动力，是地气，是根基，在此“找到自己的调”，才是自己的艺术理想。

这些见解看上去并不“先锋”和“新颖”，但由于它是来自自己的艺术实践和独立思考，在自己的艺术生命中扎了根，应当说是大自觉。一个艺术家，一旦有了艺术自觉，其创造力是不可估量的。

关键是掌握自己。20世纪80年代中期文艺新潮中有一句俏皮话：我被创新的狗撵得连撒尿的空儿都没有，其实艺术领域永远都是思潮翻涌，追风逐浪，但是艺术森林里牢牢站立的是有定见且有定力的艺术家。许多大家都看出杨海峰是为画画而生的，为了艺术他不光有创造精神，而且有献身精神，与其恩师李伯安一样，他们的精神气质中有一种“纯粹”的东西，这使杨海峰画作人物的眼神中往往闪现这种纯粹的灵光，其作品整体则闪耀着诗性的光辉。而这里所传的神正是作者心灵之神。

艺术家的这种纯粹使其目光和心灵具有洞彻肺腑的穿透力，也使其艺术有震撼灵魂的打击力。这种纯粹使人宁静和专注，能够为艺术献出一切，而不会被艺术所伴生的名利所左右。

我十分赞赏杨海峰一直以恩师李伯安的一句话做座右铭：放弃生活中许多表面的东西，不与别人争得太多，应该有自己的人生目标，坚定地走下去。我相信杨海峰能够像其师一样做到做好，为了高远的艺术理想。

读杨海峰的“红帆船”，我似乎隐约看到，李伯安《走出巴颜喀拉》之后，又一巨幅长卷《走进中国大平原》正在创作之中。从乡村人生“最具包孕性的时刻”——婚礼起始展开，由各式各样人物特写、民俗片段构造，逐渐地由乡到城，生活场景、山水、人物联翩而出，一起活动起来，贯穿古代与未来……这是近可与《走出巴颜喀拉》，远可与《清明上河图》相比较相接续的大作，作为中国油画或者中国水彩在21世纪凸显的又一峰峦。

我觉得现在常画小幅的杨海峰是适合做大画的，上面我想象中的大画才是杨海峰的“红帆船”。

我想用两句诗作为结语：

江山代有才人出，各领风骚数百年。
——清·赵翼
我劝天公重抖擞，不拘一格降人才。
——清·龚自珍

孙荪 2011年12月

杨海峰 山花烂漫时 150×60×3 布面油画 2001
杨海峰 大学生 120×50 布面油画 2008

煮茶谈画、小议海峰

文 / 席卫权

与海峰早就相识，来往不多，却相互引以为挚友，每次都是以茶相邀，画室聊画，我们属于典型的“君子交”。海峰过几天就要去俄罗斯留学了，作为送行再次来到海峰画室。泡上茶，坐定后，环顾斗室，比往日“规整”了许多，大小画儿码了很高，只有两幅刚画好的肖像摆在眼前……。“不错，又进步了，形的劲儿更足了、味儿更厚了、色彩更沉着了，下笔的铺摆心里更有数了……”，我这样说到不是“客气”，隔一段时间看海峰的画就是这感觉，客气是虚的，朋友要的是实在，海峰外表朴实，人却机灵，分得出真假，何况我“表扬”过后，一般还要提意见和建议……。海峰一直在进步，因为他很努力，“采风差点要了命，画画熬到眼睛红，写生画到点油灯……”这都是他干的事，但也不要因此以为海峰画画主要靠卖力气，他是苦干加巧干，行为中颇有些大巧若拙的智慧。常规的学习之道大家都知道，但贵在踏实地去做，并且坚持，海峰首先是作“行动派”，多画自己满意的画，然后参加展览，交流互动中锻炼自己；然后是好问，绘画教学之余，他常做的事是专程求教，老师、同行、朋辈，认识的、不认识的他都虚心请教，从善如流；另外是静思，面对作品，海峰能一看几个小时不动，有点像打坐。期间时有紧张或是激动，也不知道他都想了些什么。总之，海峰是整天想着咋样画好画，处于这样一种状态的人要是经常没有点小进步才怪。

标志海峰阶段性成就的作品是以《风雨渡》为题的系列组画，先后画了两套，分别以水彩和油画两种媒材完成。同一内容，都是很小尺幅，形式变化也不大，精描细绘，反复推敲，历时数年，这是一种精益求精的语言磨练过程，也是一个为艺之道的探索过程。

“……这组画稿来之不易，偏爱尤佳。同一幅作品重新再创作，会在比较短的时间内，把问题研究的更深入，领悟的更多，事半功倍……”海峰在自己博客中如是说。最终该组画在十一届美展中得到获奖提名，受到关注。这些关注中多有肯定和褒奖，作品小型化的精致模样，和复杂、密集的人物布局对比强烈，构成了极具能量的视觉冲击，加上其严谨深入的造型刻画，沉郁质朴的传统气息，以及带有观念性视角的图像 “背后”的意义也都颇为引人深思（在此插入名家看画照片）。引起关注的同时也存有一些争议：“……该作也使用了照片图像为创作原型，在视觉呈现上又明显消解了水彩画水气氤氲的画种特色而极具油画特性，因此成为展览中颇具争议的作品之一。” 对此，海峰将其解释为一种并非刻意的自然表达过程：“开始时只是画一种情谊、感怀、忧伤等朦胧的感觉，内容是具体的……画得很慢，画着画着情感变得深沉起来，淡淡的水彩也由薄到厚，最后就有点现实主义了（笑笑）……”。

目前海峰常画的内容是人物肖像（油画），而且以头像为主。肖像画现在可以说是一种不太受重视的题材，与那些动辄超大尺幅，包含众多人物、道具，追求不凡意义的展赛画作相较，显得很是朴素、单纯，有些人甚至以为其“简单”而不屑。但海峰却独乐此不疲，深谙油画历史的他对文艺复兴以来各个时期彰显纯正油画气质的肖像名作心摹手追，非常迷恋。油画肖像自达芬奇、伦勃朗、维拉斯凯支、安格尔等所代表的古典描绘，到梵高、塞尚、莫迪里阿尼等所体现的现代表达无不是于细微处见精神，对由自身到人的关照、关怀，借画笔的涂抹、油彩的积淀传递出深刻的艺术精神与人文情怀。海峰始终认为从肖像画开始钻研油画语言的精微表现力是一个很好的切入点。在画来画去的摸索中他对油彩特质的把握日趋娴熟，并且自然地融入了自己

杨海峰 肖像 120×50 布面油画 2008
杨海峰 丰蕊 120×50 布面油画 2008
杨海峰 秋晨 120×50 布面油画 2008

杨海峰 列宾美院 60×60 布面油画 2010

原本偏爱的传统国画造型元素和意蕴，强调抒写的意气，讲究用笔的迹象、质觉，线条的顿挫、节奏，逐步形成了自己的风格化倾向——丰富、内在、温情的简约、直面、有力表达。其塑造的人物肖像多是个性分明，眼眸清澈，轮廓清晰，线条刚硬，质感强烈；面中色彩趋向纯化、响亮、明丽，笔触则厚重、概括、凝练。在我看来，这是在追求一种艺术中的质厚与爽快，微妙与明朗的二元并立。（插入新作照片）

近两年，是海峰在事业上的丰收年，作品连续入选北京国际美术双年展、全国青年美展、全国风景风情肖像画展（获最高奖）、庆祝建国60周年大东方全国油画展（获最高奖）中国美术世界行（法国巴黎）、第十一届全国美展（获奖提名，并赴韩国巡展）等，除此之外，部分作品还被一些艺术馆和藏家收藏。（此处请列出代表性的相关展览详细和收藏单位）

随着自身的不断进步，海峰的视野也变得更为开阔，对未来的发展也多有筹划。上大学时有着为寻精神家园只身赴藏经历的他，现在又即将开始赴俄“求经”的旅程。这次属于公派俄罗斯留学，机会难得，地点是圣彼得堡美术学院。此行海峰煞是期盼，“那里的美术馆不错，很多大师作品，跟卢浮宫有一比，得好好看看……”。作为朋友，我很为他感到高兴，也同样充满期待。海峰现在的状态很好，迫切需要一个机缘更上层楼，在继续锤炼形式表现与意义表现能力的同时，还须要一种大境界的提升，包括对艺术叙事的敏感意识、关怀意识、责任意识等方面的深层体悟……对此海峰表示认同。希望列宾、苏里科夫、列维坦、谢洛夫……能给予海峰更多启示，预祝海峰学习顺利，满载收获归来！

杨海峰 女学生 40×40 布面油画 2007
杨海峰 在河之南 71×36×2 布面油画 2010

杨海峰艺术简历

中国美术家协会会员，1977年5月出生于河南省荥阳县妥要村，2001毕业于河南大学，2010 公派赴俄罗斯圣彼得堡大学访学，现任教于河南大学。

重要参展：

2011年艺术家眼中的当代中国-中国油画艺术展 关山月美术馆 深圳

大爱之光-当代中国油画名家救助贫困母亲捐赠作品展 现代美术馆 北京

艺术郑州第一回合展 郑州

2010年今日中国-新中国60周年纪念展 全北道立美术馆 韩国

2009年第十一届全国美术作品展览 暨首届中国美术奖•创作奖、获奖提名作品展览 中国美术馆 北京

挖掘•发现-首届中国油画新人展 中国艺术研究院中国油画院 北京

第十一届全国美术作品展览（水彩） 辽河美术馆 辽宁

第十一届全国美术作品展览（油画） 湖北省艺术馆 武汉

中国美术世界行 中国艺术中心 法国巴黎

庆祝中华人民共和国成立60周年 2009大东方当代油画展 大东方艺术中心 上海

2008年第三届北京国际美术双年展 中国美术馆 北京

第三届风景•风情 全国油画人物画作品展 刚泰美术馆 上海

第三届全国青年美术作品展览 中国美术馆 北京

2007年聚沙塔-中国新锐绘画奖 炎黄艺术馆 北京

2005年第七届全国水彩、粉画作品展，优秀作品全国巡展 郑州美术馆 河南

2002年纪念毛泽东同志《在延安文艺座谈会上的讲话》发表六十周年全国美术作品展 郑州

主要获奖：

第十一届全国美术作品展览（油画）获奖提名

庆祝中华人民共和国建国60周年大东方当代油画作品展 优秀作品

第三届风景•风情 全国油画人物画作品展优秀作品

个展：

1995 郑州师范学校 郑州

2002 河南大学 开封

重要出版：

《杨海峰油画作品》

收录：

2011《艺术家眼中的当代中国-中国油画艺术展作品集》《大爱之光-当代中国油画名家救助贫困母亲捐赠作品集》《艺术郑州第一回合展作品集》

2010《今日中国-新中国60周年纪念展》《中国油画》《艺术家》《永和2010春季中国书画拍卖会3》

2009《美术》《美术观察》《艺术市场》《画廊业》《第十一届全国美术作品展览 暨首届中国美术奖•创作奖、获奖提名作品集》《挖掘•发现-首届中国油画新人展》《第十一届全国美术作品展览 水彩、粉画作品集》《第十一届全国美术作品展览 油画作品集》《中国美术世界行》《庆祝中华人民共和国建国60周年 2009大东方当代油画展作品集》《第十一届河南省美术作品展览获奖作品集》《河南省教育届美术书法展作品集》

2008《第三届北京国际美术双年展作品集》《第三届全国青年美术作品展览作品集》《第三届风景.风情 全国油画人物画作品展作品集》《艺术市场》《起点》《河南省第三届青年美术作品展作品集》

2007《HI艺术》《聚沙塔-2007中国新锐绘画奖》《河南省高等学校美术教师作品展选集》《河南大学美术教师作品集》

2005《第七届全国水彩 粉画作品集》《海特画舫》

2003《河南省第二届中国画艺术展作品集》

2002《第6届河南省水彩展览作品选》

杨海峰 谁的红帆船 71×36×2 布面油画 2008-2009

杨海峰 何处尘埃 72×36×2 布面油画
2008-2010

杨海峰 边缘局部 布面油画 2007
杨海峰 偶像局部15 40×40 布面油彩

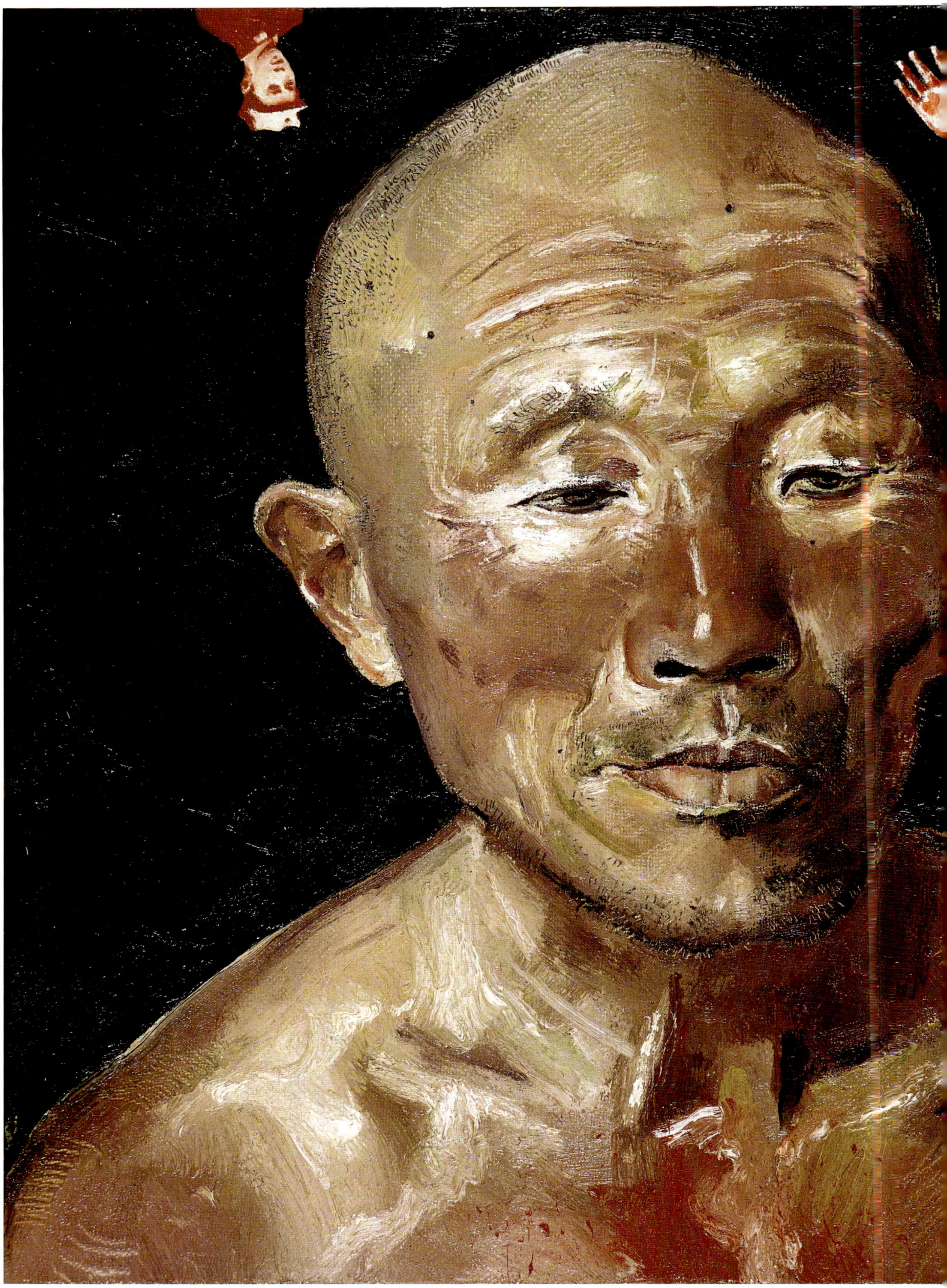

杨海峰 偶像局部3 40×40 布面油画 2007
杨海峰 偶像局部6 40×40 布面油画

杨海峰 女战士 121×51 布面油画 2011
杨海峰 芦荡火种 210×156 布面油画 20

杨海峰　豫西写生4　60×60　布面油画　201
杨海峰　黄河岸边3　60×60　布面油画　201
杨海峰　豫西写生8　36×72　布面油画　201
杨海峰　豫西写生2　100×80　布面油画　20

杨海峰 豫西写生5 60×60 布面油画 20
杨海峰 黄河岸边4 60×60 布面油画 20

杨海峰 妥要村风景三 40×60 布面油画 201
杨海峰 豫西写生7 40×60 布面油画 20

杨海峰 豫西写生6 60×60 布面油画 2012
杨海峰 豫西写生3 60×60 布面油画 2012

杨海峰 妥要村风景五 40×60 布面油画 2010
杨海峰 黄河岸边之6 80×100 布面油画 2012

杨海峰 妥要村风景二 40×50 布面油画 2 10
杨海峰 妥要村风景一 40×50 布面油画 2 10
杨海峰 妥要村风景四 40×50 布面油画 2 10